W0056146

Vorwort

GaLaBau – die Multi-Generalisten-Branche

Es ist schon beeindruckend, wie die „Generalunternehmer-Branche" Garten- und Landschaftsbau gesehen werden kann.

Der Gartenbau-Unternehmer als Planer, Gärtner, Pflasterer, Mauerer, Installateur, Elektriker, Dekorateur, Designer, Gartenpfleger – kurz, der Garten- und Landschaftsbau-Unternehmer ist ja wirklich breit, um nicht zu sagen generalistisch und komplex, aufgestellt.

Er muss nicht nur von Pflanzen, Steinen und Substraten und vielem mehr etwas verstehen. Er – oder zunehmend sie – benötigt Expertenwissen in allen Fachdisziplinen, um eine höherwertige Gartenanlage zu erstellen.

Neben den bereits aufgeführten Spezialdisziplinen werden natürlich auch noch betriebswirtschaftliche, planerische, baurechtliche und sogar zunehmend statische und biologische Kenntnisse verlangt. Für den Bauherrn ist dies selbstverständlich. Er erwartet nach den Erfahrungen aus anderen Gewerken beim Hausbau eine perfekte Ablauforganisation. Genau hier beginnt die Qualifizierung und das Abheben vom Wettbewerb. Es ist dem GaLaBau-Unternehmen hoch anzurechnen, wenn er dem Bauherrn kommuniziert, wo seine eigene Kompetenz beginnt und wo sie aufhört und wo er Zusatzkompetenz von außen her-

holen muss. Auch hier verlangt es Mut, durch Ehrlichkeit die eigene Sachkompetenz zu kennen und andere Kompetenzfelder von außen dazu zu holen. Koordination ist ohnehin die Schwerpunktaufgabe eines „Generalunternehmers" für Garten- und Landschaftsbau.

Dass das alles so gelingt, stellt DEGA-Kolumnist Stefan Leszko in Wort und Bild allmonatlich infrage; und zwar so unterhaltsam, dass die Redaktion sich entschlossen hat, die mehr als 40 Kolumnen in Form dieses Büchleins herauszugeben.

Eine gute Idee, fanden auch wir. Schließlich soll man nicht nur hart arbeiten, sondern auch noch Zeit zum Lachen finden. Und das wünschen wir Ihnen auch mit diesem Büchlein: Dass Sie Zeit zum Lachen finden und auch etwas mitnehmen können. Denn mindestens ein Körnchen Wahrheit und eine Anregung zum Nachdenken findet sich in jeder einzelnen „Zuletzt- Kolumne", wie Sie sie ab Seite 10 finden werden.

Ihr Albrecht Braun
braun-ideen aus Stein, Amstetten

Vorwort

Eigentlich wollte ich es gar nicht machen

2008 beschloss der Verlag Eugen Ulmer, das **Gartenbaumagazin** DEGA von Grund auf umzustrukturieren. Im Zuge der vorausgehenden Planungen kam der Chefredakteur, ein Herr Wendebourg, auf mich zu und fragte mich, ob ich für das neu gestaltete Monatsmagazin eine Kolumne schreiben könnte. Sie sollte unterhaltsamen, ja heiteren Inhalts sein und so ein Gegengewicht zu den ansonsten eher anspruchsvollen, fachlich tiefschürfenden Beiträgen von DEGA bilden. Das Projekt erweckte sofort meinen heftigen Widerwillen. Ich habe zwar nichts Grundsätzliches gegen Humor, und wenn es einen ernsthaften Anlass zur Heiterkeit gibt, schmunzle ich auch selbst einmal, aber jede Form von seichter Leichtfertigkeit ist mir zuwider.

Außerdem hatte ich damals ernsthafte fachliche Ambitionen, die sich einfach nicht mit der geplanten Kolumne vertrugen. Man gewinnt nicht die Achtung der Fachwelt mit Inhalten, die jeder verstehen kann. Zudem besteht – im Gegensatz zu seriösen wissenschaftlichen Abhandlungen – bei unterhaltsamen Texten stets die Gefahr, dass sie tatsächlich gelesen werden und dass man sich dann unerwartet Nörgelei oder sonstigen Reaktionen der betreffenden Leser ausgesetzt sieht. Kurzum, ich wollte es auf gar keinen Fall machen, aber ich war jung und brauchte das Geld.

So sagte ich zu, jedoch mit dem festen Vorsatz, diese Tätigkeit umgehend zu beenden, sobald sich mir andere Möglichkeiten eröffnen würden. Eine erste, vielversprechende Perspektive ergab sich im Juni 2009, als ich eine volksbildende naturwissenschaftliche Sendereihe im Spätprogramm von ARTE moderieren sollte, aber das Projekt scheiterte aus Gründen, auf die ich hier nicht näher eingehen möchte. Ein weiterer Rückschlag kam, als ich in der neu gebildeten Regierung Seehofer bei der Vergabe der Kabinettsposten übergangen wurde. Auch mein Plan, eine Konzernerbin zu heiraten, zerschlug sich, da sich die törichte Person völlig unverständlicherweise für einen anderen entschied. (Es war so ein Schnösel, der BWL studierte und unheimlich viel Sport trieb).

Und so bin ich dann bis heute bei meiner Kolumne hängen geblieben. Dass eine Sammlung davon aus den ersten drei Jahren nun als Buch erscheint, kann mich nicht mehr schrecken, denn jetzt ist eh schon alles egal. Das heißt natürlich nicht, dass ich mich über etwas Anteilnahme vonseiten der Leser nicht freuen würde.

Für das Zustandekommen dieses Büchleins danke ich Herrn Wendebourg, dem Verlag Eugen Ulmer, meinem Kater Leo sowie einigen Damen, die hier nicht namentlich genannt werden wollten.

Besonderer Dank gilt Herrn Albrecht Braun von der Firma Albrecht Braun GmbH – Ideen aus Stein für seine freundliche Unterstützung.

Vorwort

Zeit zum „Danke" sagen

Lieber Herr Leszko!

Jetzt werden Sie sich sicherlich fragen, weshalb ich Sie auf diesem Wege anspreche. Aber Sie haben ja selber schon einmal gesagt, dass viel zu wenig gelobt wird. Da haben Sie sicherlich Recht. Schließlich ist man so in seine alltäglichen Geschäfte eingebunden, dass gar kein Platz mehr zum Loben bleibt; da geht es mir nicht anders als all unseren Lesern, die mehrheitlich als Landschaftsbau-Unternehmer auch kaum Zeit finden, mit den fleißigen Mitarbeitern, die täglich dafür sorgen, dass der Laden läuft, mal ein Bier zu trinken und „Danke" zu sagen. Meistens klappt es dann doch; bei den Unternehmern an Weihnachten und bei mir im Vorwort dieses Buches: Danke!

Danke für drei Jahre Vorfreude auf die nächste spitzfindige Betrachtung aus dem Alltag des Landschaftsgärtners oder den humorigen Einblick in die Auseinandersetzung mit dem Biest namens „Kunde". Danke für jetzt schon 40 Monate, in denen Ihre Texte die Kollegen und mich zum Lachen gebracht haben, oft so laut und so lang, dass angrenzende BüroinhaberINNEN schon gemutmaßt haben, wir könnten gar nicht arbeiten, so viel, wie wir lachen würden. Danke für all die Fanpost und die begeisterten Rückmeldungen, die eigentlich Ihnen zugestanden hätten, die aber meistens bei mir angekommen sind. Danke für Ihre Mithilfe, DEGA GALABAU zu dem zu machen, was es heute ist; einem Magazin, das Freunde und Feinde hat, aber selbst bei letzteren als kurzweilig, mutig und lesenswert gilt. Und wer wirklich immer aufmerksam gelesen hat, hat das Glück gehabt, ganz am Ende, auf dem Innendeckel, noch mal einen richtigen Höhepunkt in Sachen Unterhaltung erlebt zu haben. Wobei ich den Verdacht nicht loswerde, dass zunehmend mehr Leser DEGA GALABAU ohnehin zuerst (und nicht „Zuletzt", wie geplant) hinten aufschlagen und Ihre Kolumne lesen. Ich gönn' Ihnen das; und uns auch. Denn jeder Leser, der bei Ihnen anfängt oder aufhört, weiß, dass wir unser Magazin mit Herzblut und Leidenschaft machen.

Lieber Herr Leszko, ich verzeihen Ihnen auch, dass Sie uns eine persönliche Vorstellung Ihres Betriebes bisher verwehrt haben. So viel Zeit, wie sie sich dazu nehmen, all Ihre Erfahrungen aus dem Alltag in Kolumnen zu gießen und mit klassischem Strich zu skizzieren, können Sie unmöglich noch ein Unternehmen mit mehr als einskommafünf Mitarbeitern führen. Danke auch dafür, dass Sie Ihr Unternehmen und Ihre Frau mit uns betrogen haben und wir Ihre Gesellschaft auch weiterhin genießen dürfen, wo wir doch eigentlich spätestens in der Saison hinten runter fallen müssten. Ich fürchte nur, ich werde Ihnen bald den Bleistift auf die Brust setzen müssen, um Sie wieder in den rauen Wind des Privatkundengeschäfts zu treiben. Wie sollten Sie uns sonst dauerhaft weiter neue Geschichten von fränkischen Recyclinghofaufsehern und Menschen mit Salzteigherzen an der Haustür erzählen können. Wir brauchen Sie da draußen; als Chronist einer schwierigen Beziehung zwischen einem Handwerker und einer Dame über 45 mit nennenswertem Haushaltsnettoeinkommen sowie äußerst diffusen Wünschen. Da müssen Sie weiter mit scharfem Blick, feinem Ohr und spitzer Feder dran bleiben, um auch anderen Handwerkern mit anderen mittelalten Damen ihren Alltag durch ein Lachen zu erleichtern. Oder, um jenen Unternehmern, die im Sinne der gleichnamigen Kammer ja eigentlich gar keine Handwerker sind, den Spiegel vorzuhalten, damit sie sich dank humoristisch gewonnener Erkenntnisse aus manch selbst verschuldetem Dilemma befreien können.

Nun wollen wir die Leser nicht weiter auf die Folter spannen und lassen Sie selbst zu Worte kommen. Mir bleibt nur noch zu sagen, dass so viel Dank jetzt erst mal für die nächsten drei Jahre reichen muss und, dass wir den Fans Ihrer Kolumne, unseren Lesern, ganz viel Spaß auf den folgenden 82 Seiten wünschen.

Mit allerfreundlichsten Grüßen,
Ihr Tjards Wendebourg
Verantwortlicher Redakteur DEGA GALABAU

Wirtschaftswachstum

Wer regelmäßig Schüttgüter auf seine Baustellen liefern lässt – und welcher Landschaftsgärtner täte das nicht –, der weiß: LKW-Frachten sind teuer. Daher ist es nur sinnvoll, dass LKWs, Container-Transporter und Anhänger immer größer und leistungsstärker geworden sind. Zwar ist der Zuwachs noch nicht so rasant wie in der Landwirtschaft – ein heutiger Traktor bekommt angesichts eines Vorgängermodells aus den 80-er Jahren Lachkrämpfe – doch hat der Dreiachser immerhin den Zweiachser weitgehend verdrängt. Mehr Nutzlast erfordert weniger Frachten, und so sind die voluminösen Transporter bestens geeignet für Großbaustellen in modernen, aufstrebenden Gewerbegebieten.

Leider spielt sich das Privatkundengeschäft eher selten in Gewerbegebieten ab. Wohnsiedlungen jedoch huldigen heutzutage dem Ideal der Kompaktbauweise, auf dass kein Quadratzentimeter des kostbaren Baulands verloren gehe. Das führt nicht nur zu zunehmend kleinwinzigen Grundstücken, sondern auch zu immer engeren Straßen. Solches spart Raum und dient der Verkehrsberuhigung. Noch dienlicher für die Verkehrsberuhigung sind Pflanztröge und Blumenkübel, die sich, Halbinseln gleich, weit in die engen Straßen hinein schieben, so dass man sich mit seinem Fahrzeug wie ein Aal hindurchschlängeln muss. Smarts sind für solche Siedlungen bestens geeignet. Wer aber das Pech hat, mit einem Transportfahrzeug hineinzugeraten, dem jagt schon der Gedanke, womöglich wenden zu müssen, Schweißperlen auf die Stirn.

Was das für ein Gefühl ist, wenn ein solcher Schlängelpfad dann noch in einer Sackgasse endet – das ist wie Bungeejumping und Geisterbahn gleichzeitig. Als wir in einer ganz besonders auf Tuchfühlung gebauten Wohnstraße einmal einen Container brauchten, schickte der Containerdienst ausgerechnet seinen neuesten, größten und leistungsstärksten LKW, einen wahrhaft gigantischen Dreiachser. Es dauerte über eine halbe Stunde, bis sich das Metallmonster, millimeterweise im Rückwärtsgang, an das Grundstück herangetastet hatte. „Warum um Himmels willen," fragte ich den Fahrer, als er hernach bleich und zitternd, ein Schatten seiner selbst, aus der Kabine kroch, „hat Ihr Chef so ein Riesenteil angeschafft?" „Das ist wirtschaftlicher", antwortete der Schatten mit verlöschender Stimme. „Der neue Laster spart eine Menge Zeit ein."

Die unendliche Geschichte

Kennen Sie das? Man hat eine ganz dringende Rückfrage an eine Hersteller- oder Lieferfirma, es ist ungeheuer wichtig und eilig dazu. Man ruft also dort an, wählt extra die Durchwahl des zuständigen Mitarbeiters – und landet bei irgendeiner unbedarften Schreibmaus, die einem erklärt, Herr Koops sei in einer Besprechung. Und dann kommt der verhasste, der gefürchtete, der gnadenlose Satz: „Kann er Sie zurückrufen?" Wie oft hat man ihn schon gehört! Wie oft hat man nach einem Ausweg gesucht! Vergeblich. So gibt man also der Schreibmaus seine Nummer, weist nochmals flehentlich auf die Dringlichkeit hin –, und dann sitzt man da und wartet auf Godot.

Ohne den Rückruf geht nichts weiter. Die Minuten kriechen dahin wie fußkranke Schildkröten, die Weltgeschichte blättert ihre Seiten um, der Aufschwung kommt und geht auch wieder, und noch immer sitzt man da wie ein alter, vertrottelter Wachhund.

Natürlich hat man noch unzählige Male angerufen, aber jedes Mal war's wieder die Schreibmaus und nie Herr Koops. Denn Herr Koops ist noch immer in der Besprechung, oder er telefoniert gerade, oder er ist wieder in einer neuen Besprechung, und jedes Mal hat die Schreibmaus ihm einen Zettel hingelegt, dass er zurückrufen möge, aber er hat ihn nicht gesehen, und wenn er ihn gesehen hat, hat er ihn nicht beachtet und zurückgerufen hat er schon gar nicht.

Die Sonne senkt sich, der Geschäftsschluss naht, und noch immer sitzt man sinnlos wartend da, verbittert, vergessen und überflüssig. Herr Koops hat natürlich nicht zurückgerufen und er wird auch niemals zurückrufen, nicht heute, nicht morgen und auch sonst niemals. Warum? Das weiß nur er selbst. Vielleicht braucht man besondere Beziehungen, um seines Rückrufs gewürdigt zu werden, vielleicht muss man eine höhere Bewusstseinsebene erreicht haben, vielleicht muss man Parteimitglied oder Vegetarier sein oder um Mitternacht bei Vollmond eine altkeltische Beschwörungsformel in einen Erdspalt murmeln. Was auch immer sein Geheimnis ist: Falls Sie es kennen sollten, verlieren Sie keine Zeit und weihen Sie mich ein. Sie können mich zu jeder Tages- und Nachtzeit anrufen. Sollten Sie mich nicht erreichen, hinterlassen Sie bitte Ihre Telefonnummer. Ich rufe Sie zurück.

Garten Eden

Das Grundstück lag außerhalb der Ortschaft, mitten zwischen einem Campingplatz und einem weithin bekannten Freizeitpark. Die Besitzerin, eine kleine, rundliche Dame, die sich für einen Schwimmteich interessierte, strahlte Sanftmut und Güte aus. „Wir leben hier draußen wie im Paradies", sagte sie in stiller Begeisterung. Ich fragte, ob denn der Betrieb im Freizeitpark nicht störe. Nicht wirklich, meinte die Dame. Nur im Herbst würde man oft von Leuten belästigt, die überzählige Papageien kaufen wollten und sich in der Adresse geirrt hatten. Auch würden nach der herbstlichen Schließung des Parks ganze Scharen von Ratten von dort abwandern und dabei ihren Garten passieren. Aber das dauere ja nur wenige Wochen im Jahr. Die restliche Zeit sei es wirklich das reine Paradies. Freilich, fuhr sie fort, gelegentlich lägen schon einmal tote Tauben in ihrem Gartenteich. Offenbar würde im Freizeitpark Gift gegen die Vögel ausgelegt. Aber das seien Randerscheinungen. Sonst sei es ausnahmslos wie im Paradies.

Es entstand eine Pause. Auf der Achterbahn im Freizeitpark kreischten die Leute in euphorischer Todesangst. Vom Campingplatz kamen einige Mücken und stachen mich. Das Gelände schien ein wenig sumpfig zu sein. Aus dem Haus drang das drohende Gebell eines riesigen Hundes. Die Dame lächelte versonnen. Der Hund, sagte sie, sei der abgeschiedenen Lage wegen nötig. Nachts sei es hier sehr einsam, und es gebe regelmäßig Einbruchsversuche. Die Polizei zu rufen habe keinen Zweck. Die hätten ihnen gleich beim ersten Mal gesagt, sie müssten sich selbst helfen.

Einmal hätten zwei Einbrecher ihren Mann zusammengeschlagen und ihm zwei Rippen gebrochen. Vor Gericht seien sie freigesprochen worden, da er sie provoziert habe. Daraufhin hätten sie den Hund angeschafft, und seitdem sei es das wahrhaftige Paradies. – Sie lächelte. Die Achterbahn und das Kreischen ihrer Insassen erreichten einen Höhepunkt. Einmal, sagte die Dame, sei die Achterbahn kopfüber hängen geblieben. Man musste die Leute abseilen. Aber das sei ja nicht ihr Problem. Auch die ausländischen Saisonarbeiter im Park störten kaum, obwohl es schon manchmal Messerstechereien zwischen ihnen gäbe. Nur das allabendliche Verkehrschaos an der Straßeneinmündung des Besucherparkplatzes sei manchmal ein wenig lästig. Doch das nehme man gern hin, wenn man in einem solchen Paradies leben könne …

Ich entsann mich ihrer Worte, als ich kurz darauf in besagtem Chaos feststeckte.

Übrigens: ein Auftrag kam nicht zustande. Ich muss gestehen, ich war ein wenig erleichtert, dass mir das Paradies verschlossen blieb.

Frühlingserwachen

Kaum, dass die ersten lauen Frühlingslüfte wehen, kommen auch schon die Privatkunden aus ihren unterirdischen Bauen hervor und beginnen über die Planung ihres neuen Gartens nachzudenken. Genauer gesagt, sie beginnen damit in eben dem Moment, da der Landschaftsgärtner sie nach ihren Wünschen fragt. Zuerst herrscht dann eine Weile betretenes Schweigen ob solch unerwarteten Ansinnens; ein Schweigen, in dem der Satz „Na, wenn Sie das nicht wissen", unausgesprochen mitschwingt. Dann, nach hektischem Grübeln und der mehrfachen gegenseitigen Aufforderung: „Sag du mal zuerst was" kommt die Maschinerie in Gang: Sträucher. Immergrüne Sträucher, die ganzjährig Sichtschutz bieten. Also Koniferen? Ja. Und blühen müssen sie, möglichst die ganze Saison hindurch. Dann also doch Laubgehölze? Jawohl. Wünschen Sie sich bestimmte Arten?? Oh ja, diese gelben, mit so grünen Blättern. Und dazu Rasen, den man möglichst nicht mähen muss, besser noch eine Blumenwiese. Hauptsache, man kann darauf Fußball spielen. Und ins Eck ein Gerätehaus. Die Frau wird plötzlich böse. Mitnichten ein Gerätehaus! Da soll doch der Gemüsegarten hin! Der Mann wird auch böse. Er hat das Gerätehaus schon ausgesucht. Da soll auch seine Werkbank rein, und Gemüse mag er eh nicht. Sie will Rosen. Er will keine Rosen. Sie will Obstbäume. Er will keine Obstbäume. Sie will Staudenbeete. Er will einen Grillplatz. Der Ton wird schärfer, die Stimmung kühlt ab. In der Ehe beginnt eine Kluft zu klaffen. Er zieht ein anderes Grundstück in Erwägung, sie einen anderen Ehemann.

Dazwischen sitzt verschüchtert der neutrale UNO-Vermittler, der früher mal Landschaftsgärtner war. Er erhebt zaghaft die Stimme des Friedens und schlägt einen Kompromiss vor. Dieser wird unverzüglich von beiden Seiten abgelehnt, und die Gefechtshandlungen gehen weiter. Bei der Frage der Wegbeläge werden die Kinder evakuiert und des Schlachtfeldes verwiesen. Der Vermittler muss bleiben

Unter Hinweis auf den finanziellen Aspekt kann er schließlich eine Waffenruhe und noch eine Weile später – heiß! – so etwas wie eine teilweise Einigung erzielen. Als er nach etwa zwei Stunden das Haus verlässt, ist er erschöpft, abgemagert und um Jahre gealtert; er fühlt sich wie ein zerbrochener Scherben und wünscht sich, er hätte einen anderen Beruf gewählt, Geheimagent z. B. oder Bombenentschärfer oder sonst eine ruhige, stressfreie Tätigkeit. Er hat eine Ehe gerettet, Kindern ein Elternhaus erhalten und nebenbei auch noch einen Garten geplant.

Wer dankt ihm das alles? Ich möchte mehr Anerkennung und mindestens dreifaches Honorar haben.

Telefonpsychologie

Marketingpsychologen sagen, man solle am Telefon lächeln, wenn man mit Kunden spricht. Auch wenn sie es nicht sehen, sie spüren die freundliche Atmosphäre und haben einen dann gleich viel lieber als den Konkurrenten, der sauertöpfisch in den Hörer glotzt.

Also gut: Als man beim nächsten Anruf abhebt, macht man ein Gesicht wie ein Marzipanpferd – und aus der Muschel schwappt einem folgender Wortschwall entgegen: „Hier Hase aus Hammelburg, ichbaumirgeradeeinen-Teichundnunweißichnicht, wennmandaSteine aufdieFoliemussmandakommtdazuerstdie-PlaneodereinVlieszuerstoderwiemachtmandas ‚ich habeesgesternschonmalversucht?"

Was soll man darauf antworten? Marketingpsychologen sagen: Immer die volle Wahrheit. Der Kunde spürt es, wenn man nicht ehrlich zu ihm ist. Das würde sich dann ungefähr so anhören: „Das könnte Ihnen so passen! Erst so siebengescheit sein und alles selber können wollen, und dann, wenn Sie festhängen, soll unsereiner noch den kostenlosen Nothelfer spielen! Aber nicht mit mir! Geschieht Ihnen vollkommen recht, wenn Sie jetzt bedröpst dasitzen und nicht weiterwissen. Möge es allen Ihres verachtenswerten Schlages so gehen, die in schnödem Geiz den Landschaftsgärtner um seinen kargen Lohn betrügen wollen. Nichts, aber rein gar nichts werden Sie von mir erfahren, im Gegenteil, ich werde lachen, lachen werde ich, wenn Ihr dämlicher Teich ein

Reinfall wird. Verschwinden Sie aus meiner Leitung, Sie jämmerliche Grattlerin!"

Aber das sagt man nicht. Marketingpsychologen sind dagegen. Sie sagen, man dürfe niemals, was auch geschieht, die Gefühle des Kunden verletzen. Also sagt man stattdessen mit einem Lächeln: „Für eine Beratung bräuchte ich bitte zuerst Ihre Kundennummer." Dieser subtile Satz hat dieselbe Wirkung, wie wenn ein unauffälliger Herr in einen Bus einsteigt und „Fahrkartenkontrolle" murmelt: Der kundennummernlose Know-how-Schnorrer sieht sich ertappt und beendet hastig das Telefongespräch. In Fachkreisen ist dieser elegante rhetorische Trick als „Kontrolleurs-Pirouette" bekannt. Diesmal jedoch versagt er kläglich. Frau Hase aus Hammelburg stutzt nur einen Moment und weiß dann die Antwort: „Eine Kundennummer habe ich nicht – aber meine Tochter wohnt in Aschaffenburg."

Darauf, fürchte ich, würde selbst einem Marketingpsychologen nichts mehr einfallen.

Gartenkulturelles

Neulich fragte mich ein junger, idealistischer Praktikant, was ich vom Minimalismus als Gartenstil hielte. „Ich finde ihn gerecht", antwortete ich. „Warum soll es Gärten besser gehen als der bildenden Kunst und dem Theater? Man bekommt immer das, was man sich zumuten lässt."

Wenn es Leute gibt, die bereit sind, für ein gerahmtes, mit alten Kaffeelöffeln beklebtes Bettlaken Tausende von Euro zu bezahlen – warum soll dann ein Kunstschaffender keine Bettlaken rahmen und mit Löffeln bekleben? Immer noch besser als das nervige Gepinsel, mit dem Menzel oder Monet sich abplagen mussten. Wenn Kritiker einer Shakespeare-Aufführung, die in Bundeswehruniformen mit einigen Panzertarnnetzen als Kulisse stattfindet, eine „stringente Aktualität" bescheinigen und hochintellektuelle Theaterbesucher sich für dankbar und glücklich erklären, dass sie dabei sein durften – warum sollte man dann mühsam Originalkostüme oder Bühnenbilder anfertigen? Wer will schon wochenlang irgendwelche historischen Hadern nähen? Sie vielleicht? Na also. Und warum sollte ein Regisseur Herrn Shakespeare verwirklichen, wenn er sich selbst verwirklichen kann? Shakespeare ist tot und der Regisseur lebt – das allein zählt, selbst wenn es uns umgekehrt lieber wäre.

Nicht anders ist es im Landschaftsbau. Warum sollte man sich ein ganzes Berufsleben lang mit eigensinnigen, anspruchsvollen, renitenten Pflanzen herumärgern, die am Ende doch frech durch die Gegend wachsen wie es ihnen passt, wenn zahlungskräftige Kunden auch mit Kies, Stahl, Beton und ein paar stets wohl frisierten Buchskugeln glücklich sind? Zugegeben, man braucht etwas Mut, um eine kahle Betonfläche als „wohltuende stilistische Klarheit in noblem Grau" zu bezeichnen. Aber wer nicht wagt, der nicht gewinnt. Courage ist die vornehmste Tugend eines modernen Unternehmers. „Würde man", so sagte ich zu dem jungen, idealistischen Praktikanten, „in einem minimalistischen Park, der mit modernen Kunstwerken bestückt ist, eine Regietheaterinszenierung von ‚Romeo und Julia' in Neoprenanzügen aufführen, dann könnte man ein spartenübergreifendes kulturelles Gesamtkunstwerk schaffen, von dem nicht mal Wagner zu träumen wagte." „Aber wo", rief der Praktikant waidwunden Blickes, „bleibt die Freude an der Natur, an Vielfalt, Schönheit und Veränderung? Wo bleiben lebendige Gärten für die Sinne und die Phantasie?" „Auf der Strecke", antwortete ich. „Möchten Sie sonst noch was wissen?" „Im Moment nicht", meinte der Praktikant. „Vielen Dank für die Auskunft." „Jederzeit wieder", sagte ich. „Schön, dass wir mal darüber gesprochen haben."

Familienglück
im Garten

Neulich traf ich eine Kollegin, die ihren Landschaftsbaubetrieb aufgegeben hat und nur noch Gartenplanungen für junge Familien macht. Die Kollegin sagte, obwohl sie weniger verdiene, sei ihr Leben dadurch reicher geworden. Die Begeisterung ihrer Kunden und vor allem die leuchtenden Augen der Kinder seien ihr schönster Lohn.

Kurz darauf war ich ebenfalls bei einer jungen Familie. Auch ein Kind war vorhanden. Seine Augen leuchteten allerdings gerade nicht, denn es hatte sich soeben das Schienbein an einer Rabattenkante gestoßen und heulte wie ein Schlosshund.

Seine Mutter hatte einen Plan gezeichnet, wie ihr neuer Garten werden sollte. Unter anderem waren ca. 25 laufende Meter Rabattenkanten vorgesehen. Die Mutter sagte, wenn das Kind so fünf- bis sechsmal darüber geflogen sei, werde es schon lernen, aufzupassen. Außerdem sollte ein Goldfischteich entstehen, auf den sich die ganze Familie schon freute. Das einzige Ärgernis bereiteten die alten Betonwegplatten, die ihr Vater seinerzeit selbst verlegt hatte. Alle fanden sie scheußlich, aber der alte Herr wollte sie unbedingt behalten. Was er denn damit vorhabe, fragte ich. „Die nimmt er mit ins Grab", sagte die junge Frau. „Vielleicht kann er sie ja außen herumlegen", meinte ihr Mann. Doch das erübrigte sich: Als wir eine Woche später mit den Arbeiten begannen, trafen wir die jungen Leute in bester Laune an: Der Vater habe sich, erzählten sie fröhlich, tags zuvor mit der Kreissäge einen Finger abgesägt. Nun sei er außer Gefecht gesetzt und einer Entsorgung der scheußlichen Platten stünde nichts mehr im Wege. Beide lachten herzlich.

Ich allerdings fühlte mich etwas peinlich berührt und machte aus Verlegenheit eine Bemerkung über den Kaninchenstall in der hinteren Gartenecke. Da sei der Hase des Kindes drin, erklärte die junge Mutter. Das Kind habe jedes Jahr einen Hasen. Im Herbst werde er dann geschlachtet, und das Kind sei dann immer ganz ratlos, wo denn plötzlich sein Hase geblieben sei. Wenn er dann auf den Tisch käme, sagten die Eltern dem Kind, es sei ein Huhn. So hätte es immer anstandslos davon gegessen. Allerdings, so meinte die Mutter nachdenklich, sei sie nicht sicher, wie oft der Trick noch funktionieren würde, denn das Kind sei ja nun schon sechs Jahre alt. Aber jetzt würde es ja zum Ausgleich die Goldfische bekommen.

Dann trennten wir uns. Ich teilte dem Baggerfahrer die Maße für die Teichgrube mit und die junge Frau verfügte sich in die Küche. Vielleicht wollte sie vorsorglich schon einmal einige Fischrezepte nachschlagen. Ihre Augen leuchteten jedenfalls schon.

Allergien

Auch Gärtner leiden unter Allergien. Ein mir bekannter Kollege ist gegen sechserlei Pollen allergisch und gegen Hausstaub. Das macht sein Leben nicht gerade einfacher, aber es ist nichts gegen meine Allergie. Ich bin allergisch gegen kommunale Wertstoffhöfe. Ich brauche das Wort Wertstoffhof nur zu denken, und schon fange ich an zu rucken und zu zucken und zu ächzen und zu krächzen, dann ballen sich mir die Fäuste und beißen sich mir die Zähne zusammen und ich werde total aggressiv.

Das liegt an den Wertstoff-Platzwarten. Die gibt es schon sehr, sehr lange. Als Adam und Eva im Paradies ihren berühmten Apfel gegessen hatten, warfen sie den Apfelbutzen in einen Abfalleimer am Wegrand und wollten weitergehen. Da trat aus dem Gebüsch ein bislang unbekannter dritter Mensch, ein Unterfranke – die ersten Menschen waren alle Unterfranken, was heute noch deutlich zu spüren ist – guckte verkniffen, holte den Apfelbutzen wieder heraus und sagte: „Der dürf da aber net nei." Von da an war das Paradies kein Paradies mehr, und dabei ist es seither geblieben.

Wenn ich heute auf einen Wertstoffhof fahre, erscheint sofort ein Platzwart – manchmal glaube ich, es ist noch immer derselbe wie damals – schleicht lauernd um mein Auto herum, spechtet durch die Scheiben in den Laderaum, und wenn ich aussteige, sagt er: „Sooo, was hammer denn heut?" Dann fieselt er alles durch, wie früher die Kollechen an der inner-

deutschen Grenze, und dann sagt er mir, was wo rein soll. Dabei übertrifft er mühelos den lieben Gott, der doch alles weiß, denn er weiß alles besser. Er weiß zum Beispiel, dass Asbestplatten zum Sperrgut gehören, obwohl sie ein Gefahrstoff sind. Und wenn ich Reste von PVC-Teichfolie dabei habe, was leider oft passiert, dann weiß er, dass ihr Platz beim Plastikmüll ist. Da kann ich ihn schluchzend bestürmen, dass PVC beim Verbrennen hochgiftige Chlor-Verbindungen freisetzt und deshalb unbedingt in den Sondermüllcontainer muss, da kann das Schadstoffmobil des Landkreises in Griffweite neben uns stehen – ihn rührt's nicht. Plastikmüll. Basta.

Neulich, als er mich wieder so gedemütigt hatte, ergriff ich blitzschnell eine Eisenstange und erschlug ihn. Dann warf ich seine Leiche mitsamt der PVC-Folie zum Sondermüll. Es war einer der schönsten Augenblicke in meinem Leben. Und dann wachte ich auf. Denn natürlich war es ein Traum gewesen. Manchmal frage ich mich, warum gerade die wirklich schönen Dinge so oft Träume bleiben.

Kundenkonversation

Wenn ich Leuten sage, ich sei Landschaftsgärtner, bekomme ich oft zu hören: „Was für ein schöner Beruf! Pflanzen reden ja nicht." Das tun sie tatsächlich nicht. Dafür reden die Kunden. Das ist unangenehm, aber es ginge noch. Fürchterlich wird es erst, wenn man antworten muss. Konversation mit Kunden ist wie ein Gesellschaftsspiel mit gnadenlosen Regeln. Wer da nur einen falschen Zug macht, der ist aber so was von raus – das kann sich ein Marketingpsychologe gar nicht vorstellen.

Das Spiel hat verschiedene Schwierigkeitsgrade in einem Bereich von mäßig anspruchsvoll bis knapp unterhalb einer Schachweltmeisterschaft. Zu den einfachsten Eröffnungszügen gehört noch die Aufforderung: „Sagen Sie mir ganz offen Ihre Meinung." – Darauf ist natürlich eine hemmungslose Lobhudelei gefragt. Auch die gelegentliche Fußangel rescher Damen: „Mein Garten hält mich ja so fit! Wie alt würden Sie mich schätzen?" lässt sich leicht parieren: Alter schätzen, den Schätzwert halbieren und vom Ergebnis 10 Jahre abziehen – das ergibt immer einen Treffer, der sofort mit kokettem Kichern, begleitet von schelmischem Fingerdrohen und dem Ausruf: „Huch! Sie Schmeichler, Sie!" angezeigt wird.

Schwieriger wird es schon, wenn der stolze Gartenbesitzer auf irgendein abscheuliches Trumm deutet und scheinheilig „Wie gefällt Ihnen diese Skulptur?" fragt. Das ist nämlich kein Fischen nach Komplimenten, sondern ein knallharter Kompetenztest, in dem plattes Lob zu sofortigem Ausscheiden führt. Um sich als bildungsstrotzender Fachmann zu beweisen, ist hier vielmehr bedeutungsschweres Anstarren des Krempels angezeigt, gerne verbunden mit Bartstreichen (bei Nicht-Bartträgern genügt auch das Kinn), worauf nach angemessener Denkpause der Konter folgt: „Ein interessantes Objekt – es erinnert mich etwas an ein Exponat, das ich 1987 bei einer Kunstausstellung in Berlin gesehen habe" – dann eine Pause, Augenzwinkern und der Nachsatz „Das war natürlich noch vor der Wiedervereinigung."

Die schlimmste, die mitleidloseste Prüfung von allen jedoch ist die bei mehreren zur Wahl stehenden Gestaltungsalternativen auftretende Frage: „Für welche Möglichkeit würden Sie sich entscheiden?" Hier will der Kunde nämlich keinesfalls Ihre Ansicht hören, sondern eine Bestätigung seiner eigenen – und wenn Sie die nicht kennen, dann hilft nur noch, den Joker zu ziehen: „Wissen Sie, ich glaube, da sollten Sie noch eine weitere Meinung einholen – wir beide, das habe ich gleich erspürt, sind uns im Geschmack einfach zu ähnlich."

Der Mann mit den drei Blättern

n Deutschland wird Umweltschutz groß geschrieben. Und das nicht nur wegen der deutschen Rechtschreibung, die uns befiehlt, Hauptwörter, auch wenn sie uns unwichtig erscheinen, groß zu schreiben. Nein, in Deutschland ist Umweltschutz ein nationales Anliegen. Mit einer Kanzlerin, die das Klima zu ihrem persönlichen Schützling erklärt hat, mit Ministerpräsidenten, die ihre keineswegs grüne Partei auffordern, ihr ökologisches Profil zu schärfen, kann es doch gar nicht anders sein. Das ist gut so, und gibt uns allen ein ruhiges Gewissen. Gut zu wissen, dass man auf dem richtigen Weg ist.

Aber wenn wir unseren Blick über diesen Weg hinausrichten, unsere Profil schärfenden Politiker einmal hinter uns lassen und etwas herumstreifen quer durch unsere blühenden Landschaften, in denen vitale Großgewerbeparks munter in geräumige Agrarsteppen hineinwuchern, so kommen wir in trauliche Ortschaften voll braver Leute mit sauberer Gesinnung und sauberen Gärten. Sofern wir diese Ortschaften einmal nicht des Abends in der Vorweihnachtszeit durchwandern, wenn die von Tausenden von Glühbirnen illuminierten Siedlungen wie St. Pauli bei Nacht aussehen und in den stillen Straßen nur das leise Rattern der Stromzähler zu hören ist, sondern an einem sonnigen Oktobertag, so können wir allenthalben die folgende Situation erleben:

Auf einem Bürgersteig kommt ein einsamer Mann in grün-oranger Arbeitskleidung des Weges, vielleicht ein Gemeindearbeiter, vielleicht ein GaLaBau-Angestell nicht so genau festzustellen. In eine .. ....u trägt er einen Laubbläser, auf seinem Rücken einen Zweitaktmotor, der den Laubbläser antreibt. Und während infernalischer Lärm ihm vorauseilt und eine Abgaswolke ihm nachfolgt, treibt er vermittels des Laubbläsers drei abgefallene Blätter vor sich her. Sein Blick ist dabei in eine unbestimmte Ferne gerichtet, und sein Gesicht trägt den abwesenden, visionären Ausdruck eines Menschen, dem sich die großen Zusammenhänge erschlossen haben. Was mag hinter dieser Stirn vor sich gehen? Was sind die ehrgeizigen Ziele, denen er mit seinen drei Blättern entgegenstrebt? Ob er sich der Sinnlosigkeit seines Tuns bewusst ist? Ist er vielleicht ein Philosoph, ein Existentialist? Oder einfach nur ein Volltrottel? Er sagt's uns nicht. Und wenn wir ihn fragen würden, dann könnte er's, des Lärms wegen, nicht hören. So verschwindet er um die nächste Ecke, hinter sich die Abgaswolke und vor sich die drei Blätter. Woher er kam, wohin er ging: wir wissen es nicht, und wir werden es nie erfahren.

Aber, meine lieben Leser: Auch das ist Deutschland.

In eigener Sache

Es ist schön, für eine Fachzeitschrift zu schreiben. Man bekommt ein fürstliches Honorar (Hähä! Kleiner Scherz zur Auflockerung) und hat die Genugtuung, seinen Senf gedruckt zu sehen. Weniger schön ist es offenbar, eine Fachzeitschrift zu lesen. Als die DEGA im Juni dieses Jahres ihren Spitzenplatz als meistverkauftes Fachmagazin der Branche bekannt gab, hatte sie eine Auflagenhöhe, bei der sich der Verleger eines jeden Boulevard-Wurstblattes unverzüglich erschießen würde.

Setzt man voraus, dass der überwiegende Teil unseres Berufsstandes lesen kann, so ergibt sich der zwingende Schluss, dass die Mehrheit von dieser Fähigkeit keinen Gebrauch macht, zumindest nicht, was die DEGA anbelangt. Ich selbst kenne in meiner näheren Umgebung nur einen DEGA-Leser mit Namen (es handelt sich um einen gewissen Herrn Herrmannsdörfer, den ich an dieser Stelle herzlich grüßen möchte). Die anderen Kollegen widmen sich den mehr elementaren Tätigkeiten: Man arbeitet, isst, pflanzt sich fort und telefoniert auf dem Handy.

Welche Folgen der leichtsinnige Verzicht auf die DEGA haben kann, sei anhand von drei authentischen Fallbeispielen erläutert:

Beispiel 1: Landschaftsgärtner Friedemund G. aus Aschaffenburg bekommt von einem Rechtsanwalt den Auftrag, einen Rollrasen da zu verlegen, wo bisher kein Rasen gedeihen wollte. Der Anwalt weist alle fachlichen Bedenken zurück und weiß alles, alles besser. Als dann der Rollrasen kümmert, mandelt er sich auf und verlangt unter juristischem Theaterdonner die Vergütung zurück. Herr G. weiß sich nicht zu helfen und gibt klein bei. Würde er regelmäßig die DEGA lesen, wüsste er aus zahlreichen Beiträgen zum Thema Baurecht, wie er sich zur Wehr setzen könnte.

Beispiel 2: Gärtner F. hat in Holland eine sagenhaft günstige Quelle für Buchsbäume aufgetan, die er mit gutem Gewinn weiterverkauft. Als es bald danach Reklamationen hagelt, fällt er aus allen Wolken. Aus der DEGA hätte er erfahren können, was es mit dem Pilz Cylindrocladium buxicola auf sich hat.

Beispiel 3: Bei einem Kollegen sehe ich eine frische Lieferung japanischer Fächerahorne stehen. Ich frage ihn, ob er sich vergewissert hat, dass sie frei von Citrus-Bockkäfer-Befall sind. Der Kollege hat noch nie von einem solchen Käfer gehört. „In der DEGA wurde schon mehrmals davor gewarnt," gebe ich ihm zu bedenken. „Ich hab keine Zeit, die DEGA zu lesen", raunzt der Kollege. „Ich lese immer nur den Kommentar von dem Wendebourg und diesen Kolumnenheini am Schluss."

Mich würgt das Entsetzen. Deshalb verkünde ich heute das elfte Gebot für Berufsgärtner:

DU SOLLST DIE DEGA LESEN!
Herrschaftseiten noch mal.

Hauptsache „in" !

Es gibt eine mächtige, treibende Kraft, um deretwillen der Mensch seit jeher Schmerz, Leid und Unbequemlichkeit zu erdulden bereit war und die ihn dazu brachte, wider besseres Wissen völlig blödsinnige Dinge zu tun. Nein, ich meine jetzt nicht den Patriotismus, sondern die Mode. Was da im Laufe der Geschichte an Scheußlichkeiten vorgekommen ist – dagegen ist ein Horrorfilm eine Operette.

Das reicht von ausgeschlagenen Schneidezähnen in der Jungsteinzeit über deformierte Schädel im alten Ägypten bis hin zu Damenschuhen der Gegenwart, die nicht nur die Modedesigner, sondern auch die Orthopäden reich machen.

Natürlich machte die Mode auch vor Gärten nicht halt. Im Gegenteil, dort wirkt sie sich immer besonders tragisch aus. Ein Mensch, der, in ein viel zu enges Kostüm gezwängt, wie eine Wurst mit Allongeperücke angestelzt kommt, ist immerhin noch selbst schuld. Ein zur Witzfigur verschnittener Strauch hingegen kann sich nicht wehren. Was haben deutsche Gärten allein in den letzten paar Jahrzehnten alles aushalten müssen! Da war in den Siebzigern die Cotoneasterwelle, die wie eine ansteckende Hautkrankheit herumwucherte. Dann, in den frühen Achtzigern, die Findlings- und Zwergkoniferenphase, in der riesige Steinbrocken selbst kleine Gärten in Alpendramen verwandelten. (Felsblock erschlägt Krüppelwacholder. Hollario). Nachdem man die Riesenkiesel für teures Geld wieder weggeschafft hatte, hallte der berüchtigte Dreiklang „Rasen-Rosen-Thujahecke" durchs Land, der stellenweise bis heute nachklingt.

Nun, da die immergrünen Schutzwälle fürs triste Glück gerodet werden, schwappt die bislang gnadenloseste Modewelle wie ein Tsunami über brave Wohnsiedlungen: Der Minimalismus. Der macht dem unbotmäßigen Grün nun endgültig den Garaus und hinterlässt stattdessen Kies- und Betonwüsten in noblem Grau und mustergültiger Ordnung. Dazwischen stehen noch ein paar Buchse und Säuleneiben herum, als hätte soeben ein Feld-, Wald- oder Gartenwebel „Stillgestanden!!" gebrüllt. Die botanische Vielfalt verschwindet ebenso wie die renommierten Gärtnereien, die, oft über mehrere Generationen, mit Herzblut ihre Sortimente aufgebaut haben. Jetzt interessieren sie nicht mehr.

Aber wozu klagen? Wir Landschaftsbauer sind ja fein raus. Wir können es so pragmatisch sehn wie ein befreundeter Subunternehmer aus dem Erdbau. „Naja", meinte dieser kürzlich, „jetzt bau'ma des Zeuch nei, und in fünf Jahren schmeiß'ma's wieder naus – so hammer immer was zu tun." Tatsächlich: Das ist das einzig Gute an Modeströmungen, dass sie allesamt keinen Bestand haben.

Gute Vorsätze

Haben Sie schon gute Vorsätze fürs neue Jahr gefasst? Nein?! Das finde ich unverantwortlich – aber bei Ihnen muss man sich ja an vieles gewöhnen …. Gut, dann nenne ich Ihnen jetzt einige, damit endlich ein brauchbarer Mensch aus Ihnen wird.

Also, erstens: Sie müssen das Klima retten. Wenn Amerikaner, Inder und Chinesen es nicht machen, dann müssen eben Sie es tun. Das geht ganz einfach, sofern Sie genug Bäume pflanzen und ab morgen leben wie der Dalai Lama. Falls es Ihnen widerstrebt, dauernd grundlos zu lachen, können Sie sich stattdessen auch Mahatma Gandhi angleichen, Hauptsache, Sie bleiben asketisch und verplempern keine Energie.

Zweitens: Sie müssen die Wirtschaft retten. Dazu müssen Sie sehr viel konsumieren, vor allem Autos, Hightechgeräte und Luxusartikel. Ihren Energieverbrauch muss das nicht steigern, denn für das Gedeihen unserer Industrie ist es unerheblich, ob Sie diese Dinge auch benutzen. Es genügt, wenn Sie sie kaufen.

Drittens: Sie müssen unser Sozialsystem retten. Wichtigste Voraussetzung dafür sind Kinder, sehr viele Kinder, denn nur die können später als arbeitslose, energiesparende Konsumenten eine Generation von 120-jährigen Pflegefällen versorgen und gleichzeitig deren Schulden abtragen. Natürlich dürfen Sie diese Kinder keinesfalls selbst zeugen, um nicht zur Bevölkerungsexplosion beizutragen. Also adoptieren Sie welche, am besten aus Dritt-Welt-Ländern, dann haben Sie gleichzeitig das Lebensstandardgefälle und die Zuwanderungsproblematik entschärft, und endlich das friedliche Zusammenleben der Völker eingeleitet. Wenn erst am Viktualienmarkt ein schwarzer Münchner zu einem indischen Berliner „damischer Saupreiß" sagt und ein vietnamesischer Würzburger seine fränkische Idendidäd bedont, dann hat der Rassismus für immer ausgespielt.

Falls Ihnen das alles noch zu wenig konkret sein sollte, hier ein praktischer Ausführungsvorschlag: Stellen Sie Ihren Landschaftsbaubetrieb auf Handarbeit um und besetzen Sie alle Stellen mit adoptierten Kindern. Dadurch wird Ihre bisherige Maschinenhalle frei für die energieneutrale Lagerung unbenutzter Konsumgüter. Den nördlichen Teil Ihres Betriebsgeländes forsten Sie zur CO_2-Reduktion auf, der südliche bleibt frei, damit die Ausbeute der Solarmodule nicht beeinträchtigt wird, die Sie selbstverständlich baldmöglichst auf Ihrem Dach installieren lassen. Das ist das Mindeste an Einsatz, was man von Ihnen im neuen Jahr erwarten kann. Also, frisch ans Werk!

Und falls Ihre Phantasie nicht wild genug für ein Finanzierungskonzept sein sollte: Anregungen gibt die jeweilige Bundesregierung.

Bilden Sie sich fort!

Der Winter ist bekanntlich die ruhige Zeit im Garten- und Landschaftsbau. Sollten Sie aber nun auf den Gedanken verfallen, sich auszuruhen, so liegen Sie völlig falsch. Ausruhen ist out. Der moderne Mensch ruht nicht, und wenn, dann höchstens im Sarg. Wenn Sie sich dafür schon reif fühlen, dann bitte – sonst aber müssen Sie in Ihrer Freizeit was Sinnvolles tun. Das Sinnvollste, was Sie tun können, ist sich fortzubilden. Alle Fortbildungsveranstalter sagen das, und also muss es wahr sein. Freilich, angesichts der schier unübersehbaren Vielfalt von Fortbildungskursen, -veranstaltungen und -seminaren fällt die Wahl schwer. Ich habe mich deshalb der Mühe unterzogen, das Angebot für Sie zu sichten und eine Auswahl zusammengestellt, in der nun wirklich für jeden etwas dabei ist.

Falls zum Beispiel Ihre Mitarbeiter bei Ihrem Anblick in Gelächter auszubrechen pflegen, empfehle ich Ihnen den Kurs „Menschen führen lernen" mit einer Einführung zum „Menschen führen lernen lernen", die keine Fragen offen lässt. Eine ideale Ergänzung ist das Seminar „Selbstverteidigung für Landschaftsgärtner", das auch für den Umgang mit der Kundschaft nicht genug empfohlen werden kann. Karrierebewusste Kollegen werden in den Kursen „Aufstiegschancen in der Baumpflege" und „Die Spitze der Marketingpyramide erklimmen" auf ihre Kosten kommen. Hingegen erscheint mir das Seminar „Schwimmteichbau – Aufbruch zu neuen Ufern" angesichts heutiger Grundstücksgrößen vielleicht doch etwas kühn zu sein. Eine rundum gute Sache sind jedoch die beiden Kurse „Seiltechnik" und „Kundenbindung", die sich zu kombinierter Anwendung geradezu anbieten. Wer's besinnlich mag, sollte keinesfalls das Seminar „Der Garten – ein Ort der Stille" versäumen, das wiederum durch das zweitägige Praktikum „Freude an der Motorsäge" ideal ergänzt wird.

Den Planern und Gestaltern unter Ihnen möchte ich die Seminare „Beton für romantische Gärten", „Natürlich gestalten mit Kunstrasen" und „Kleinstgärten weit blickend planen" ans Herz legen.

Auch unsere Kollegen aus der Pflanzenproduktion kommen nicht zu kurz: Das Seminar „Richtig säen – Erfolge ernten" klingt viel versprechend, und „Natürlicher Pflanzenschutz mit Nützlingen" stellt das Gedeihen der angesäten Erfolge sicher. Sollten die Nützlinge sich über ihre Aufgabe nicht im Klaren sein, so hilft ihnen eine „Nützlingsberatung" auf die Sprünge. Auch für die Gesundheit ist gesorgt: dem Praxisseminar „Gewichtheben leicht gemacht – Rückenschule für den Landschaftsgärtner" dürfen Sie keinesfalls fern bleiben. Die Veranstalter und Ihre Bandscheiben werden es Ihnen danken.

Was blüht denn da?

Der epidemieartig zunehmende Mangel an Artenkenntnis macht Umweltpädagogen und Naturschützern seit Jahren Kummer. Man versucht daher, durch Aktionen wie die „Stunde der Gartenvögel" zu erreichen, dass zumindest ein Teil der Bevölkerung wieder den Unterschied zwischen einem Höckerschwan und einem Zaunkönig zu erkennen lernt. An eine „Stunde der Gartenpflanzen" scheint aber noch niemand gedacht zu haben. So ist es kein Wunder, dass man sich bei botanischen Gesprächen mit Kunden meist vorkommt, als unterhielte man sich mit einem Beduinen über Eisstockschießen. Gut, ich gebe zu, der Vergleich ist übertrieben: so wenig verstehen Beduinen vom Eisstockschießen nun auch wieder nicht.

Früher gab es wenigstens auf dem Lande noch Kunden, die immerhin „Wacholder" sagten, wenn sie „Holunder" meinten. Heute scheint für den Durchschnittsbürger die Pflanze und alles, was mit ihr zusammenhängt, einer fremden, unbekannten Welt anzugehören. Ich hatte einmal eine sehr nette Kundin, Fachärztin von Beruf, die mich in höchster Besorgnis anrief und von einer seltsamen, unerklärlichen Krankheit berichtete, die ihren neu gepflanzten Kirschbaum heimgesucht habe. Es seien Wucherungen an den Zweigen, klagte sie, schwarze, runde Knötchen oder vielmehr Pusteln, die die Rinde gänzlich bedeckten, vor allem an den Zweigspitzen. So alarmierend klang ihr Bericht, dass ich gleich tags darauf die einstündige Fahrt zu ihr machte, um mir die mysteriösen Wucherungen anzusehen. Es waren Blattläuse.

Ein anderes Mal baten mich die Besitzer eines Mietshauses, einmal den Garten um besagtes Haus zu begutachten, da müsse vielleicht mal etwas verändert werden. Wie sich zeigte, war der „Garten" vollständig von Cotoneaster überwuchert, aus dem nur an zwei oder drei Stellen ein paar um Hilfe flehende Rosenzweige hervorragten. Nachdem ich mich vom ersten Schock erholt hatte, rief ich den Besitzer an und riet ihm, den Cotoneaster drastisch reduzieren zu lassen und dann zu prüfen, ob und wie viel von der früheren Bepflanzung des Gartens noch zu retten war. Ernst erwog er meine Worte, und in der Leitung herrschte für eine Weile Schweigen. Dann fasste er sein tiefgründiges Interesse an Gartengestaltung in der Frage zusammen: „Was ist Cotoneaster?" „Ein immergrünes Kriechgehölz", antwortete ich. „Ach ja", entsann er sich freudig, „das hat sich ja recht schön entwickelt. Das kann bleiben. Aber das stachelige Zeug dazwischen das da so rausschaut, das müsste mal rausgezogen werden."

Manchmal glaube ich, Deutschland hat bei den Pisa-Tests noch viel zu gut abgeschnitten.

Motivationsprobleme

Kürzlich hatte ich ein Gespräch mit einem Dozenten einer Gartenbauakademie, der Seminare für Führungskräfte betreut. Es ging darum, welche Einstellung man angehenden Betriebs- und Bauleitern vermitteln solle. Der Ausbilder meinte leuchtenden Auges, man müsse ihnen vor allem Mut und Optimismus geben, damit sie hoch motiviert und voll Begeisterung an ihre Aufgabe herangehen könnten.

Nun gebe ich zu, dass ich da vielleicht voreingenommen bin. In meiner Heimat Franken gehören Begeisterungsfähigkeit und Motivation jetzt eher nicht so zu den Nationaleigenschaften. Wir sind immer sehr gut ohne das ausgekommen. Ein begeisterter Franke – das kann nicht gut gehen. Man sieht an Günther Beckstein wie so was endet.

Aber auch allgemein habe ich dem Motivationsgetöse, das uns heute von allen Seiten entgegendonnert, immer misstraut. All dieses positive Denken, an sich Glauben und optimistisch nach vorn Schauen – was soll das noch bringen, wenn es alle machen? Eine Geheimwaffe für jedermann, das ist ein Widerspruch in sich. Wenn sich 20 Leute um eine Stelle bewerben, dann werden hernach 19 heimgeschickt, auch wenn sie vorher noch so motiviert waren. Das ist eine Frage simpler mathematischer Logik. Wenn die 19 Abgewiesenen sich das klar machen, werden sie sich vermutlich weniger elend fühlen, als wenn sie sich schuldbewusst mit der Frage zermürben, ob sie vielleicht nicht fest genug an sich geglaubt haben. Das Gleiche gilt auch für alle anderen Bereiche im Beruf und im Leben allgemein: Die Umstände lassen sich durch die eigene Einstellung nicht beeinflussen, wohl aber unsere Fähigkeit, mit ihnen fertig zu werden. Zwangsläufig wird man sich umso häufiger und tiefer enttäuscht fühlen, je weiter die Wirklichkeit und die eigenen Erwartungen auseinanderklaffen. Wer in jedem Kunden bereitwillig einen Engel vermutet und jedes Projekt mit der Überzeugung angeht, er könne Bäume ausreißen, der wird, eher früher als später, in Verbitterung enden. Das ist wie Ecstasy: Erst die Wände hoch und dann – flatsch.

Ein fröhlicher Pessimist, der nach dem Grundsatz handelt: „Ich rechne immer mit dem Schlimmsten und alles, was besser kommt, ist bar verdient" ist jedenfalls besser gegen den Burn-out gewappnet. Der zaghafte Pedant, der sich jeden Schritt dreimal überlegt, wird nicht so leicht ein Projekt verpatzen wie der selbstsichere Draufgänger. Und wer den Berufsalltag mal so richtig satt hat – und wer hätte das nicht zuweilen? –, der glaubt sich selbst nicht mehr, wenn er sich einreden will, alles sei wunderbar. Viel trostreicher ist da die alte, kohlenschwarze Weisheit aus dem Ruhrgebiet: „Schön is' dat nich' – aber woanders is' auch Scheiße!"

Muttersprache, chemisch gereinigt

Kürzlich erhielt ich eine jener Werbeschriften, wie sie uns täglich ins Haus flattern. Sie adressierte sich an alle „Unternehmerinnen und Unternehmer"…, „Landschaftsgärtnerinnen und Landschaftsgärtner"…, „Berufskolleginnen und Berufskollegen"… und an dieser Stelle platzten mir die Kragin und der Kragen und ich warf den Wisch zum Altpapier.

Es gibt Modeerscheinungen, die sind penetranter als Schlagerhits. Dazu gehört auch dieses dem Politikerjargon entstammende Quotengewäsch, das wie ein Rhizomunkraut mit seinen Ausläuferinnen und Ausläufern in unsere Alltagssprache hineinwuchert. Und das alles nur, weil es im Deutschen nun einmal keine geschlechtsneutrale Form des Substantivs gibt. Wie viel leichter ist es im Englischen: da umfasst ein Substantiv stets die männliche und weibliche Form gleichermaßen. The teacher. The gardener. The customer. Basta. Im Deutschen heißt der Überbegriff nun einmal „der Lehrer", „der Gärtner", „der Kunde" – und bis in die jüngere Vergangenheit gab es damit keine Verständnisprobleme. Es war selbstverständlich, dass Fußgängerüberwege auch von Fußgängerinnen benutzt wurden und dass in Autos, obwohl sie nur Beifahrersitze enthielten, auch die Beifahrerinnen nicht während der Fahrt stehen blieben.

Und heute? Seitdem die Tugendboldinnen und Tugendbolde der political correctness nun auch die Sprache aufs Korn genommen haben, ist Wichtigstein an der Phrase auf dem besten Weg, die neue deutsche Hauptstadt zu werden. Schon werden die Stirninnen und Stirnen gerunzelt ob der Tatsache, dass reaktionäre Restaurants sich auf der Speisekarte noch immer an die „verehrten Gäste" wenden und die Gästinnen dabei schnöde ignorieren. Auch Sie dürfen sich nicht länger auf den Lorbeerinnen und Lorbeeren Ihrer eingestaubten Schulbildung ausruhen. Falls Sie für Ihre Kundinnen und Kunden Kataloginnen und Kataloge mit Ihrem Sortiment bereithalten, vergessen Sie um Himmels willen nicht, dass es auch getrennt geschlechtliche Pflanzen gibt und dass Sie folglich auch Eibinnen und Eiben, Weidinnen und Weiden sowie Pappelinnen und Pappeln den terminologischen Respekt zu zollen haben, der heute ein absolutes Muss ist!

Und nun, bevor uns der Wortqualm gänzlich die Sicht benimmt, lassen Sie mich im Namen vieler Leidensgenossinnen und Leidensgenossen einen letzten Wunsch äußern: „Verehrte Schwätzerinnen und Schwätzer! Bitte halten Sie Ihre Zuhörerinnen und Zuhörer nicht länger für Idiotinnen und Idioten und lassen Sie Ihre Phrasinnen und Phrasen sein! Unsere Dankin und unser Dank sind Ihnen gewiss."

Wie schön!

Es ist eine vielfach beklagte Tatsache, dass ein Großteil der Bevölkerung heutzutage jeden Kontakt zur Natur verloren hat. Besonders enervierend zeigt sich das allabendlich bei der Wettervorhersage. Dass sie häufig unzutreffend und immer ungenau ist, würde man ihr nicht übel nehmen. Damit steht sie nicht allein da. Auch Horoskope und Wahlprogramme werden trotzdem gern gelesen. Was einen als Angehörigen einer „grünen" Berufsgruppe jedoch zur Weißglut treiben kann, ist die von Fernsehmeteorologen favorisierte Ausdrucksweise.

Die Wetterwahrsager sind nämlich außer Stande, ihre Orakel sachlich-neutral darzulegen. Stattdessen wird jede Luftbewegung in ein Gut-und-Böse-Schema nach der Werteskala eines Kleinkindes gepresst. Sonne ist fein! Regen ist pfui! Und das Essen wächst bei Aldi!

Besonders erfreut einen das im Frühjahr, wenn uns mit schöner Regelmäßigkeit mitten in die Austriebsphase hinein eine jener mörderischen Trockenperioden heimsucht, die mitunter wochenlang anhalten, mit knalligem Sonnenschein, taulosen Nächten und einem gnadenlosen Ostwind, der das letzte bisschen Feuchtigkeit aus dem Boden herausfönt und dafür klaffende Risse zurücklässt. Schleppt man sich dann abends mit letzter Kraft vor den Bildschirm und schaltet, voll wilder Hoffnung auf Regen, die Wettervorhersage ein, so erscheint eine mit kleinen Sonnen vollgemalte Wetterkarte und daneben ein dümmlich grinsender zweibeiniger Wetterfrosch. „Wir dürfen uns freuen", quakt der Wetterfrosch, „das schöne Wetter hält weiterhin an!"

Man sieht niedergeschmettert zu Boden und hört aus dem Fernseher wie zum Hohn die Worte: „Infolge stabilen Hochdruckeinflusses bleibt uns das herrliche Frühjahrswetter erhalten und die Temperaturen erreichen am Nachmittag traumhafte 28 Grad. Nur südlich der Donau kommt es zu Gewitterneigung und es besteht die Gefahr von Regenfällen." Wie gerne wäre man dieser „Gefahr" ausgesetzt – aber man lebt leider nördlich der Donau, in Unterfranken, der Sahara von Süddeutschland „Gegen Ende der Woche könnte es vorübergehend schlechter werden", fährt der Schwachkopf auf der Mattscheibe fort, „aber die meisten Wolkenfelder ziehen zum Glück nur durch, und am Montag ist es wieder zuverlässig schön. Ich wünsche Ihnen noch einen schönen Abend." Er verschwindet strahlend, und da es bislang noch der Fantasy-Welt vorbehalten ist, sich in Fersehsendungen hineinzubeamen, muss man leider darauf verzichten, ihm einen schönen Tritt zu versetzen. Schade.

Bleibt nur die Hoffnung, dass seine Vorhersage wieder einmal falsch war.

Mein Traum

In der „Zeit", einem Hamburger Wochenblatt, erscheint regelmäßig eine Artikelserie unter dem Titel „Ich habe einen Traum". Darin berichtet jeweils ein prominenter Künstler, was sein größter unerfüllter Wunsch ist. Bei Georg Kreisler war es ein eigenes Theater, Charles Aznavour wünschte sich, dass die Türkei netter zu den Armeniern sei, und so weiter. Nun bin ich weder Künstler noch prominent, aber einen Traum habe ich auch.

Mein Traum ist, dass es in diesem Land eine andere Einstellung zu Gärten gäbe. Mein Traum ist, dass deutsche Gärten vom Interesse an lebendiger Natur und der Freude an Duft, Farben und Formen geprägt wären, statt von leer laufendem Ordnungswahn, borniertem Fleiß und dem völligen Mangel an Phantasie; dass nicht jeder Baum dran glauben müsste, der sich erdreistet, einmal im Jahr Laub abzuwerfen oder größer als sein Besitzer zu werden, dass gelungene Pflanzungen einmal eine höhere Wertschätzung genießen als Pflasterflächen, dass der Ehrgeiz von Otto Normalverbraucher dem Gedeihen seiner Pflanzen gelte und nicht der Frage, wie man sie am besten massakrieren kann.

Mein Traum ist, dass man bei einem Rundgang durch eine Wohnsiedlung im Frühjahr singende Nachtigallen hören könnte und nicht nur kläffende Rasenmäher, dass man nicht jedes Mal völlig erschlagen wäre von all den sinnlos verschenkten Möglichkeiten, von diesen Gärten, die nur ins Freie verlegte Meister-Proper-

Räume sind, Spiegelbilder des Seelenzustandes ihrer Besitzer, so steril, so leer und so nichts sagend.

Mein Traum ist, dass Gärten zu dem würden, was sie sein könnten, nämlich Lebensräume, in denen man all das noch antreffen kann, was aus unseren im Würgegriff des Kommerzes steckenden Landschaften größtenteils verschwunden ist, vom Obstbaum bis zur Orchidee, vom Zaunkönig bis zum Schmetterling. Mein Traum ist, dass Gartengestalter ihren Kunden den Weg zu lebenden, vielfältigen Gärten weisen und die Freude daran vermitteln würden, anstatt sich als minimalistische Regietheaterkünstler ihrer Selbstinszenierung zu widmen. Mein Traum ist, dass den Imagekampagnen der Gartenbauverbände der Erfolg beschieden wäre, den Wert von Gärten mehr ins öffentliche Bewusstsein zu rücken und dass im Fernsehen wenigstens einmal ein Werbspot für gute Gartenanlagen käme und nicht nur für Granufink-Prosta, Kukident und die neue Apotheken-Umschau.

Mein Traum ist, mit einem Wort, unerfüllbar. Immerhin kann ich mich damit trösten, dass ich jetzt mit Georg Kreisler und Charles Aznavour etwas gemeinsam habe.

Eindringliche Warnung eines Geläuterten

Tun Sie's nicht. Fangen Sie gar nicht erst damit an! Es gibt Dinge, von denen man sich besser fern hält, man muss nicht alles ausprobieren. Glauben Sie mir, ich weiß, wovon ich spreche. Nicht, dass ich mich hier auf ein hohes Ross setzen wollte, mit moralischen Prinzipien und dergleichen, nichts läge mir ferner. Gott, ich war auch mal jung – jung, ahnungslos und leichtgläubig. Ich gestehe, ich habe mich verführen lassen. Ich habe damit angefangen und dann Jahre gebraucht, um wieder loszukommen.

Eben deshalb will ich Sie warnen, damit es Ihnen nicht ebenso ergeht. Die Typen, die Ihnen das Zeug verkaufen, werden einen auf harmlos machen. Sie werden sagen, es sei alles ganz unverbindlich, nur so mal zum Versuchen, es gebe keinerlei Abhängigkeit. Sie werden sagen, dass alle es nehmen, alle erfolgreichen, smarten Unternehmer, es sei allgemein üblich und gehöre quasi zum guten Ton. Sie werden freundlich tun und Sie neugierig machen, Ihnen einreden, es sei was ganz Tolles, bis Sie nachgeben und etwas davon annehmen. Und dann hängen Sie fest wie ein Fisch an der Angel. Die Typen werden wiederkommen, jeden Monat, jede Woche, sie werden Sie zermürben und Sie werden von Mal zu Mal weniger Kraft haben, sich zu widersetzen.

Beim ersten Mal, ja, da fühlen Sie sich danach noch großartig, stark, beschwingt und euphorisch, aber dieser Kick hält nicht lange vor. Die Wirkung wird von Mal zu Mal schwächer, was bleibt, ist der Zwang und das Gefühl der Abhängigkeit. Natürlich werden Sie sich anfangs einreden, Sie hätten die Sache im Griff und könnten jederzeit aufhören, so, wie alle Süchtigen es tun, aber das ist ein Irrtum. Früher oder später werden auch Sie einsehen müssen, dass Sie von allein nicht loskommen, dass Ihnen nur eine Radikalkur helfen kann. Ich kann Ihnen aus eigener Erfahrung sagen: Ihre einzige Chance ist der totale Ausstieg. Es gibt kein langsames Reduzieren oder allmähliches Abgewöhnen – das funktioniert nie.

Sie müssen ganz und gar, ein für alle Mal aufhören; Sie müssen die Entzugsphase, die dann einsetzen wird, eisern durchhalten und Sie dürfen nie mehr rückfällig werden, nie und nimmer, auch nicht für ein einziges Mal, sonst geht alles wieder von vorne los. Mancher schafft's nie. Und deshalb rate ich Ihnen: Fangen Sie lieber gar nicht erst an. Bleiben Sie stark, schreien Sie „Nein!" und knallen Sie den Hörer auf die Gabel.

Kaufen Sie nichts bei Telefonaquisiteuren für Arbeitsschutzartikel!

Sparmaßnahmen

Die finanziellen Nöte der Kommunen haben bereits seit Jahren zu einem starken Rückgang öffentlicher Aufträge für den Garten- und Landschaftsbau geführt. Die neuen Sparprogramme der Regierung dürften da noch weitere Einschnitte für unsere Branche mit sich bringen. Man muss das verstehen. In Notzeiten muss man Prioritäten setzen. Naturschutz, Verschönerung des Ortsbildes, Maßnahmen zur Klimaverbesserung – für solchen Luxus sind die Zeiten zu ernst.

Geht es aber um wirklich wichtige Dinge, so ist das notwendige Geld natürlich vorhanden. Beispielsweise in unserer Nachbargemeinde. Dort sollte die Ortsdurchfahrt verbreitert werden, damit der Durchgangsverkehr etwas flotter passieren kann. Also entfernte man den Straßenbelag, grub die Ortsmitte komplett auf und bescherte den Anrainern für einige Wochen jenes prickelnde Lebensgefühl, das Ephraim Kishon im „Blaumilchkanal" filmisch verewigt hat. Schließlich war alles fertig, und die neue, verbreiterte Ortsdurchfahrt hätte eröffnet werden können – wenn, ja wenn sich nicht plötzlich herausgestellt hätte, dass durch irgendein dummes Versehen das Höhenniveau der Straße zu hoch geraten war. Wäre ein Regen gekommen – in Unterfranken ein zwar ungewöhnliches, aber doch nicht völlig auszuschließendes Naturschauspiel –, so wäre das Wasser in die angrenzenden Häuser geflossen.

Es ließ sich nicht vermeiden, die Straße tiefer zu legen, und dazu wiederum musste man den Straßenbelag entfernen und die gesamte Ortsmitte aufgraben. So geschah es. Der Blaumilchkanal erlebte eine Neuauflage, doch nach einigen Wochen war die Straße schließlich erfolgreich tiefer gelegt und sollte eingeweiht werden. Leider kam es nicht dazu, denn eben da stellte man fest, dass die darunter verlaufende Hauptwasserleitung porös geworden war und mitsamt allen Anschlüssen erneuert werden musste.

Im Zuge dieser Arbeiten war es unter anderem notwendig, den Straßenbelag zu entfernen und die Ortsmitte komplett aufzugraben. Gelegentliche Mordversuche der Anrainer an den Straßenbauarbeitern konnten glücklich vereitelt werden, und schließlich, nach kaum sechs Monaten Verspätung, wurde die neue, verbreiterte Ortsdurchfahrt feierlich in Betrieb genommen. Seitdem hat sich das Leben im Ort wieder normalisiert. Einige neue Spielsachen für den Kindergarten mussten kürzlich in Ermangelung öffentlicher Mittel von Privatsponsoren finanziert werden.

Damit endet die Geschichte. Falls sie eine Moral hat, so wird es Ihnen sicher nicht schwer fallen, diese zu entdecken. Hat sie aber keine – nun, dann weiß ich auch nicht recht, wie man dem abhelfen könnte.

Antipathien

Ich bin ein netter Mensch. So kritisch ich mich prüfe: Ich kann nichts Negatives an mir feststellen. Niemand könnte gütiger, geduldiger, verständnisvoller zu seinen Kunden sein als ich. Es gibt nur eines, was ich richtig hasse: das sind junge Familien.

Schon beim ersten Anruf junger Mütter oder Väter mit Kindergekreisch im Hintergrund ist mir der Tag verdorben, und spätestens, wenn ich die Adresse notiere, möchte ich aus dem Fenster springen. Denn die Adresse liegt unfehlbar in der Würzburger Innenstadt, hinter sieben Baustellen und 49 Ampeln, die alle auf Rot schalten, sobald sie mich kommen sehen. Irgendwann, nach einstündiger Anfahrt, stehe ich dann vor einer Reihenhaustür, an der ein Salzteigherz mit der Aufschrift „Willkommen" prangt; darunter verkündet eine selbst getöpferte Tontafel „Hier leben, lieben und streiten Bernhard, Karin, Torben, Svantje und Finn Droste-Schmachtenberg", die Klingel gibt einen Flötenton im Dreiklang von sich und aus der Sprechanlage quäkt die Aufforderung, einzutreten.

Dann stehe ich in einem nach Hasenstall und Alete riechenden Wohnraum, und zwischen Tretrollern und Bauklötzen wabert mir das ganze junge Familienglück entgegen: Der junge Vater sieht aus wie Reinhard Mey auf Nulldiät, die junge Mutter ist dick, die Kinder brüllen, auf dem Boden krauchen irgendwelche pädagogisch wertvollen Meerschweinchen einher und mir entgegen stürzt ein frühzeitig gealterter, kurz vor dem Nervenzusammenbruch stehender Hund, der sich sichtlich nach seinem früheren Leben im Tierheim zurücksehnt; er kläfft hysterisch und hat so Recht damit, am liebsten würde ich einstimmen.

Dann folgt ein Kundengespräch, das einem Lyrikvortrag im Geschützfeuer ähnelt; es dreht sich immer um irgendwelche nebulösen, unausgegorenen Projekte, der junge Vater sagt: „Gell, Sie bieten uns mehrere Alternativen an?", ich nicke ergeben und hasse mich dafür, denn viel lieber würde ich ihn anschreien: „Ich werde euch gar nichts anbieten, weil ihr euch das sowieso nicht leisten könnt, weil ihr pleite seid, weil ihr mir nur die Zeit stehlt, ihr sozialromatischen Grattler mit euren Kindern, euren Nagetieren, euren Tretrollern und euren Salzteigherzen, weil ihr Wirtschaftsschädlinge seid und ich jeden egomanischen, verschwenderischen, reichen Ausbeuter mit Villa und Riesengarten lieber zum Kunden hätte als euch!"

Rrrrr! Fürwahr, an solch schwarzen Tagen könnte ich glatt zum FDP-Wähler werden! Aber das ist leider auch keine Lösung, denn wenn ich Herrn Westerwelle nur sehe, rege ich mich gleich noch mehr auf, obwohl er voraussichtlich nie eine junge Familie gründen wird.

Haarspaltereien

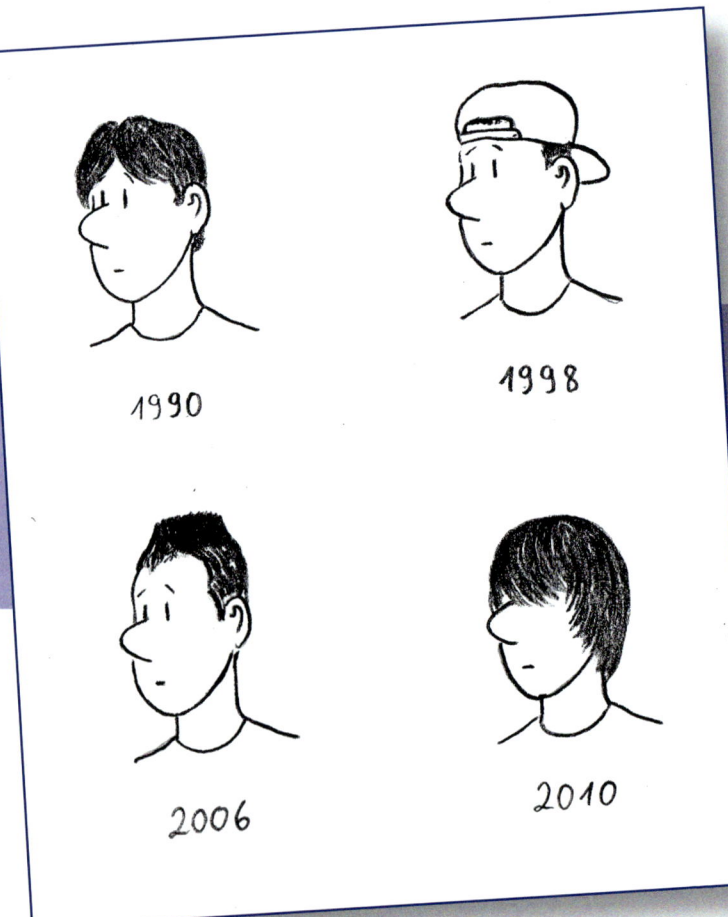

Kürzlich geriet ich durch einen absurden Zufall in eine intellektuelle Gesprächsrunde. Das Gespräch kreiste, wie das in solchen Runden zu sein pflegt, um die Frage, ob es bei unseren heutigen Berufsanfängern einen Werteverfall gibt oder nicht. Die konservativen Gesprächsteilnehmer sagten, dass ja, die mehr progressiven, dass nein, bzw. dass der angebliche Werteverfall in Wahrheit eine Protesthaltung gegen die Verrottetheit des Systems sei. Insofern war also auch alles wie immer.

Ich selbst nehme an solchen Debatten grundsätzlich nie teil. Falls ich eine Meinung dazu habe, behalte ich sie für mich und plündere stattdessen systematisch das Buffet. Dadurch gelte ich als tolerant, wenn auch gefräßig, und habe meine Ruhe. Jedenfalls meistens, in diesem Fall leider nicht, da sich unversehens ein neugieriger, distanzloser Zeitgenosse an mich heranwanzte und mich mit folgender Frontalanquatsche bei der Nahrungsaufnahme störte: „Sie haben doch seit Jahren mit Praktikanten, Lehrstellenbewerbern, Ferienjobbern und anderen jungen Leuten zu tun. Würden Sie sagen, dass es bei Jugendlichen einen grundlegenden Wandel in der inneren Einstellung gibt?" „In der inneren Einstellung nicht", antwortete ich, „der Wandel liegt mehr in der äußeren Frisur." „Das verstehe ich nicht", sagte der Quatschkopf. „Vor 20 Jahren", erklärte ich ihm daraufhin, „als ich selbst jung war, trugen alle Jugendlichen männlichen Geschlechts Mittelscheitel. Ganz egal, wie doof sie damit aussahen, das war eben damals so. Man trug Mittelscheitel. Dann, Mitte der 90er, trug man plötzlich Mützen. Schirmmützen, mit dem Schirm nach hinten, so ähnlich wie bei einem Feuerwehrhelm. Auch sehr schön. Nach den Mützen kam dann das Gel. Sie wissen doch: Gel? Diese Klebemasse, wie bei Herrn zu Guttenberg. Die Jugendlichen teilten sich damals in zwei Gruppen; die einen formten mit dem Gel eine Stachelfrisur wie bei Mekki, dem Igelmännchen, die anderen trugen die Haare nach oben zusammengeschoben mit einer Art Dachfirst in der Mitte. Und heute tragen alle Jugendlichen eine Pilzkopffrisur, so ähnlich wie die Beatles, nur noch mehr zugekämmt. Jeder dieser zugekämmten Jugendlichen hält sich für ebenso cool, neuartig und originell wie wir früher mit Mittelscheitel.

Und wenn ich dann höre, wie ehemalige Mittelscheitler über den Wertewandel bei heutigen Pilzköpfen philosophieren, dann könnte ich mich wegschmeißen vor Lachen." „Halten Sie das etwa für ein signifikantes Charakterisierungskriterium?" fragte mein Gegenüber. „Wenn Sie mich so fragen, ja", antwortete ich. Danach hat mich dann niemand mehr am Buffet gestört.

Der gute Chef

ch bin ein guter Chef. Ich liebe meine Mitarbeiter. Ohne sie wäre mein Betrieb nicht das geworden, was er heute ist. Ich bin ein guter Chef. Ich liebe meine Mitarbeiter, wenn sie sich vom frühen Morgen bis zum Feierabend für den Betrieb einsetzen, wenn sie sich auch nach Feierabend für den Betreib einsetzen, wenn sie unbezahlte Überstunden machen und eigene Ideen einbringen. Ich bin ein guter Chef. Ich liebe meine Mitarbeiter, wenn sie voller Engagement ihre Aufgaben erfüllen, wenn sie auch die weniger schönen Aufgaben erfüllen, wenn sie auch mal meine Aufgaben erfüllen, wenn sie immer da sind, wenn ich sie brauche, wenn sie auch da sind, wenn ich nicht da bin. Ich bin ein guter Chef. Ich liebe meine Mitarbeiter, wenn sie, falls ich die Planung nicht mehr rechtzeitig geschafft habe, auch mal improvisieren können, wenn sie ohne aufwendiges Spezialwerkzeug auskommen – dieses ganze Zeug ist so schrecklich teuer, und was ein richtiger Mann ist, braucht so was eh nicht – wenn sie ohne Gehaltserhöhung auskommen, weil: Das Bewusstsein einer gut geleisteten Arbeit ist bekanntlich der schönste Lohn. Ich bin ein guter Chef. Ich liebe meine Mitarbeiter, wenn sie freundlich bleiben, wenn ein Kunde zickig ist, wenn sie freundlich bleiben, wenn Hitze, Kälte oder Dauerregen herrschen, wenn sie freundlich bleiben, wenn sie meine Fehler ausbaden müssen, wenn sie freundlich bleiben, wenn ich unfreundlich bin. Ich bin ein guter Chef. Ich liebe meine Mitarbeiter, wenn sie Interesse an der Erweiterung ihres Aufgabenbereichs zeigen, wenn sie mich auf der Baustelle beim Kunden vertreten, wenn sie mich beim Architektengespräch vertreten, wenn sie mich gegenüber aufgebrachten Lieferanten vertreten – manche Leute werden also gleich dermaßen unhöflich, bloß, weil mal ein paar läppische Rechnungen offen sind – und wenn sie mich bei der Ausbildung unseres Lehrlings vertreten. Ich bin ein guter Chef. Ich liebe meine Mitarbeiter, wenn sie geduldig bleiben, wenn ich morgens mal später komme, wenn sie geduldig bleiben, wenn es abends wieder mal länger dauert, wenn sie geduldig bleiben, wenn ich sie anschreie, weil ich den Überblick verloren habe, wenn sie geduldig bleiben, wenn das Material nicht kommt, weil ich die Bestellung vergessen habe, wenn sie geduldig bleiben, wenn der Urlaub wieder mal ausfallen muss und wenn sie geduldig bleiben, wenn das Gehalt mal später kommt. Ich bin ein guter Chef. Ich liebe meine Mitarbeiter.

Warum wollen sie plötzlich weg von mir?

Nicht verzagen!

Zu Beginn eines neuen Jahres stellt sich jeder Unternehmer die bange Frage, wie es denn wohl mit der deutschen Wirtschaft weitergeht angesichts drohender Globalisierung. Aufwärts oder abwärts? Meine Prognose ist optimistisch: Aufwärts.

Zur Untermauerung diene folgendes Erlebnis: Um einen Gitterrost zur Abdeckung eines Wasserreservoirs zu erwerben, rief ich bei einer bekannten bayerischen Baustoffhandelskette an. Diese hat in vielen Orten Niederlassungen, so auch in unserer Nachbargemeinde. Die Niederlassungen werden wöchentlich von der Hauptstelle aus beliefert, und so dachte ich mir, man könne doch den Gitterrost mit der nächsten Lieferung nach Bergtheim mitsenden. Ich sprach zuerst mit einer Mitarbeiterin der Gartenabteilung. Sie wollte mir ein Fliegengitter verkaufen, ließ sich dann aber doch überzeugen, dass dieses einer Auflast von 20 kg Steinen vielleicht nicht standhalten würde und verband mich mit der Baustoffabteilung, mit einem gewissen Herrn Wolf. „Das kann ich nicht entscheiden," knurrte Herr Wolf. „Da müsste ich Sie mit Herrn Menzel in der Dispo verbinden." Er tat es. Die Verbindung kam nicht gleich zustande, doch die zehn Minuten in der Warteschleife bei Mozarts Kleiner Nachtmusik vergingen wie im Flug. Dann konnte ich Herrn Menzel selbst fragen, ob er sich wohl vorstellen könnte, einen Gitterrost nach B. mitgehen zu lassen. „Ja, wie könnte ich?", fragte Herr Menzel indigniert. „Ich habe ja noch gar keinen Auftrag!" „Aber wenn Sie einen hätten", bohrte ich, „würde es dann gehen?" Herr Menzel bejahte widerwillig, doch als ich ihn fragte, ob er denn gleich hier und jetzt meinen Auftrag entgegennehmen könne, wies er das strikt von sich. Er sei schließlich Disponent und kein Verkäufer, sagte er, und da seine Stimme nun schon recht ungehalten klang, wagte ich nicht, ihn länger zu belästigen und protestierte auch nicht, als er mich kurzerhand an die Baustoffabteilung zurück verband.

Diesmal kam ich zu einer reizenden Azubine, die ich um Auftragsweiterleitung an Herrn Menzel bat. „Ich weiß nicht recht," meinte die Azubine, „ kann Herr Menzel das nicht selber machen?" „Keinesfalls," antwortete ich, Herr Menzel sei schließlich Disponent und kein Verkäufer; dankbar und glücklich müssten wir sein, dass er uns überhaupt so weit entgegen komme. Das sah die Azubine ein und versprach, ihr Bestes zu tun. Und tatsächlich: Tags darauf kam ein Anruf aus Bergtheim: der Gitterrost sei angekommen.

Sie werden mir zustimmen: Wer so eine Aufgabe meistert, braucht keine Globalisierung zu fürchten.

Das Geheimnis der Amazonen

Die Emanzipation ist zweifellos eine der grandiosesten Erfolgsgeschichten des 20. Jahrhunderts. Während sich die Frau noch zu Zeiten unserer Urgroßeltern in weitgehender Unterdrückung dahin frettete, ist sie heute aus dem privaten und öffentlichen Leben kaum mehr wegzudenken. Wie souverän sie dabei allen Vergleichen standhält, beweist unsere Kanzlerin, die ihrem Entdecker und Mentor Helmut Kohl nicht nur in ästhetischer, sondern auch in politischer Hinsicht gleichwertig ist.

Auch im Gartenbau haben sich Frauen mittlerweile die Position erobert, die ihnen von jeher zustand. Und doch: Wenn ich sehe, wie sich junge, grazile Mädchen voll heiteren Selbstbewusstseins um Arbeitsstellen als Baumschulgärtnerinnen, Trockenmaurerinnen oder Lageristinnen bewerben, Stellen also, die selbst unter männlichen Berufskollegen stets eher den stämmigeren Exemplaren vorbehalten waren, so beschleicht mich ein ähnliches Gefühl, wie wenn ich David Copperfield im Fernsehen sehe: Ich bin begeistert, aber ich kann mir nicht vorstellen, wie es funktioniert. Wie lässt man vor einer Tribüne von Zuschauern ein Flugzeug verschwinden? Wie hebt ein Mädchen von 50 kg einen 55 kg schweren Stein an? Die Antwort auf die erste Frage ist relativ einfach: Man dreht die Tribüne samt Zuschauern unbemerkt in die andere Richtung.

Die zweite Frage hingegen glaubte ich schon unbeantwortet mit ins Grab nehmen zu müssen. Ich kam mir da vor wie der beschränkte Held Herakles, der auch nie herausbekam, wie die legendären Amazonen der griechischen Sage ihre Kraftakte vollbrachten. Dass die Antwort doch noch ans Licht kam, verdankt die Welt lediglich dem Umstand, dass unser Postbote letzten Sommer gerade dann auf Urlaub ging, als ich für eine Kundin den Bausatz für einen metallenen Geräteschuppen bestellt hatte. Einige Tage später klingelte es, und vor der Tür stand eine Elfe. Nun ja, es war die Vertretung unseres Postboten, aber trotzdem eine richtige Elfe von filigraner, geradezu überirdischer Schönheit, der nicht einmal die eher prosaische Postleruniform Abbruch tun konnte. Ich stand wie verzaubert vor ihr und glaubte Harfenklänge zu hören und ich bin ganz sicher, dass ich auf ihrem Rücken zwei durchscheinende, irisierende Flügel sah, wie das eben so ist, wenn man Elfen begegnet. Dann öffnete die Elfe ihren Rosenmund und sprach: „Zwei sauschwere Pakete hab ich mit. Da müsst' amal enner mit rauskomm' und helf' trachen."

Damit, geschätzte Leser, dürfte das Geheimnis der Amazonen gelüftet sein.

The Modern Way of Marketing

Die Tricks moderner Marketingpsychologie sind vielfältig und wunderbar. Kürzlich konnte ich ihre subtile Wirkung an mir selbst erfahren. Ich bekam einen Brief von Inge Sielmann. Inge Sielmann ist die Witwe von Heinz Sielmann, der nach einem erfüllten Leben als Tierfilmer und Naturschützer 2006 verstorben ist. Frau Sielmann schrieb, dass ihr Mann mich wegen meiner Hilfsbereitschaft und meines Engagements für die Natur immer besonders geschätzt habe. Daher wolle sie anfragen, ob ich nicht ein aktuelles Projekt der Heinz-Sielmann-Stiftung durch eine Spende unterstützen könne. Das Gefühl von Geehrtheit und Rührung, das mich daraufhin überkam, lässt sich nur schwer schildern. Heinz Sielmann hatte mich besonders geschätzt! Mich! Heinz Sielmann! Besonders!

Zwar konnte ich mich einer persönlichen Bekanntschaft mit Herrn Sielmann momentan nicht recht erinnern, aber was heißt das schon? Ich überwies 30 Euro. Nach einer Woche kam ein weiterer Brief von Inge Sielmann. „Lieber Herr Leszko", schrieb Inge Sielmann, „Sie können sich nicht vorstellen, wie ich mich über Ihre Spende gefreut habe!" Ihr Mann, so fuhr sie fort, habe ja schon immer gewusst, dass er auf mich zählen könne. Ihr Projekt sei durch meine 30 Euro der Verwirklichung ein großes Stück näher gekommen. Ob es mir etwas ausmachen würde, noch einmal etwas dafür zu spenden? An dieser Stelle wurde mir die Wertschätzung des verstorbenen Heinz Sielmann ein wenig

unheimlich, ja mehr noch, ich fragte mich allmählich, womit ich sie verdient hätte. Sicher, ich hatte, als er noch lebte und filmte, immer wieder einmal seine Sendungen gesehen, aber ich war schließlich nicht sein einziger Zuschauer gewesen. Es musste andere Gründe für seine posthume Anhänglichkeit geben.

Ich ging zu meinem Vater. „Sag mal," fragte ich ihn „warst du nicht mal mit Heinz Sielmann in einer Klasse?" „Wie bitte?" schrie mein Vater. „Das war Seilmann! Horst Seilmann! Heinz Sielmann habe ich nie kennen gelernt! Der war über 20 Jahre älter als ich und stammte außerdem aus Ostpreußen!" Ich musste ihm glauben.

Das Rätsel schien unlösbar, aber dann löste es sich ganz unversehens doch. Aus einem Artikel über Kundenmarketing erfuhr ich, mittels spezieller Software und einer entsprechenden Adressendatei könne man zahllosen Empfängern ganz persönlich klingende Briefe schreiben. Diese „Mailings" würden den Leser im Innersten anrühren und seien daher weit erfolgreicher als herkömmliche Werbebriefe. Man könne dieses Verfahren jedem Unternehmer nur empfehlen.

Wahrhaftig, das kann man. Tun also auch Sie es, verschicken Sie noch heute die ersten Mailings und hören Sie dann nie wieder damit auf! Die Begeisterung der Empfänger ist Ihnen gewiss.

Der kindgerechte Garten

Es gibt Kollegen, die ihre Berufung darin sehen, Gärten für Kinder zu bauen. Ich selbst gehöre eher nicht dazu. Als ein Kunde mit dem Wunsch an mich herantrat, eine Spielfläche für seine Sprösslinge zu erschaffen, griff ich daher schleunigst zu Projektberichten kinderlieber Planungsexperten, um meine diesbezüglichen Wissenslücken zu schließen.

Kinder, so hieß es dort, brauchen vor allem den Kontakt zur Natur und zu den Elementen, um Sinneswahrnehmung, Phantasie, Kreativität und Motorik zu entwickeln. So geschult, traf ich zur ersten Ortsbegehung ein. Die Kunden bewohnten eine ehemalige Hofstelle, und der Spielplatz war der ehemalige Hühnerauslauf: eine Wiese von vielleicht 60m² mit einigen Blütensträuchern am Rande. Wiese und Sträucher, so kündeten mir die Eltern, sollten verschwinden und die Fläche stattdessen mit hochwertigen, glasierten Betonplatten ausgelegt werden. In der Mitte der Plattenfläche gedächte der Vater dann einen Kletterturm zu errichten, der bereits angekauft sei und als Bausatz in der Scheune stehe.

Dieses Konzept schien mir in einem gewissen Widerspruch zu den Angaben kundiger Kinderexperten zu stehen, vor allem, was Naturkontakt und Sinneserfahrung betraf. So taktvoll wie möglich brachte ich das zur Sprache, wurde aber sogleich eines Besseren belehrt. Kinder, so erklärten mir die Eltern, bräuchten vor allem Sauberkeit. Das sei unabdingbar für ihre Entwicklung und mache überdies weniger Arbeit. Aber Betonplatten seien doch ein harter Untergrund, gab ich zu bedenken, und wenn womöglich ein Kind von dem Kletterturm herunterfallen sollte, könnte es sich blutig stoßen. Das mache nichts, beruhigte mich die Mutter, auf den Platten seien dank der hochwertigen Glasur Blutflecken oder sonstige Verunreinigungen mühe- und rückstandslos zu entfernen. Aber vielleicht, so meinte ich, sollte man wenigstens die Sträucher stehen lassen, damit die Kinder im Sommer etwas Schatten hätten. Keineswegs, wurde mir beschieden, Kinder bräuchten keinen Schatten, Kinder bräuchten Sauberkeit, und die sei durch herabfallende Blätter gefährdet. Das sah ich natürlich ein und tat, wie mir geheißen.

Binnen weniger Tage entstand eine Spielfläche, die es an Sauberkeit mit einem Operationssaal aufnehmen konnte. Die weiß glasierten Betonplatten strahlten in der Sonne wie die Cheopspyramide, als sie noch neu war. Ein Mitarbeiter und ich standen leicht geblendet davor. „Naja," meinte mein Mitarbeiter, meine letzten Zweifel zerstreuend, „a saubere Arbeit isses scho."

Ich musste ihm Recht geben. Trotzdem werde ich in Zukunft lieber wieder Gärten für Erwachsene bauen.

Der Untergang des Abendlandes

Teil 1

Haben Sie auch Lehrlinge in Ihrem Betrieb?" „Leider. Drei Stück. Das sind Nägel zu meinem Sarg! Faul, schlampig, unfähig. Für nichts zu brauchen. Die einzige Zeit, in der ich mich nicht über sie ärgern muss, ist, wenn sie in der Berufsschule sind." „Wem sagen Sie das? Mir geht's genauso. Ich habe zwei, aber das ist genauso schlimm. Ich hab' jetzt zum ersten Mal ein Mädchen genommen, weil sie in der DEGA geschrieben haben, die wären tüchtiger. Merk' ich aber nichts von. Die jungen Leute von heute sind alle gleich." „Ja, da haben Sie recht. Alles ein Zwirn. Die Jugend wird immer verkauter. Da kommt noch was auf uns zu, das sage ich Ihnen!" „Weil's keine Werte nicht mehr gibt, daran liegt das. Die haben doch nur noch ihr Vergnügen im Kopf. Musik hören, saufen, Party machen – alles, nur nicht ordentlich arbeiten. Bei uns hätt's so was nicht gegeben." „Nein, bei uns wehte ein anderer Wind. Wir mussten schuften! Und wehe, wenn einer dem Chef widersprochen hätte – da wär' aber was los gewesen!" „Da sagen Sie was! Wenn einer dem Chef eine freche Antwort gegeben hat, wusch! – hat er ihm gleich eine g'schwalbt. Und das hat weiß Gott nichts geschadet!" „Tja, uns hat halt keiner in Watte gepackt. Aber die Jungen von heute halten ja nichts mehr aus." „Ist ja auch kein Wunder! Die tun ja nichts anderes mehr als vor dem Computer zu hocken, bis sie auf dem Stuhl kompostieren. Darum sind sie ja auch solche Kümmerlinge. Keinen Mumm in den Knochen! Da waren wir doch ein anderes Kaliber." „Aber schon ganz anders! Bei uns ist noch was abgegangen! Als ich 16 war, hätt' ich vor Mitternacht mein Bett nicht mal angeschaut. Da gab's keine Nacht, in der nicht was los war." „Gell? Und übers Wochenende, ich sag Ihnen, da bin ich gar nicht erst heimgegangen! Mit dem Restalkohol, den ich am Montagmorgen noch hatte, hätten Sie einen Motor antreiben können! Und wenn der Chef gemosert hat, war's auch wurscht. Wir waren halt noch keine solchen Duckmäuser wie die Heutigen." „Nein, wir haben uns nichts gefallen lassen! Hähä … wenn ich noch daran denke, wie wir unserem Ausbilder das Benzin aus der Fräse abgelassen haben – und er hat sich 'n Wolf gezogen und sie nicht angekriegt … Hähä.. wir ham' uns ja weggschmissen!" „Ach ja, das waren halt noch Zeiten … aber die sind vorbei und kommen nicht wieder …" „Nein, vorbei ist vorbei … und wenn man sich anschaut, was nachkommt, wird's einem ganz anders …. Wissen Sie, wenn ich diese Hackfressen sehe, diese Liederlichkeit, diese Frechheit, diese Unfähigkeit, dann frage ich mich nur immer eines: Von wem haben die das?"

Der Untergang des Abendlandes

Teil 2

Haben Sie heute auch die alarmierenden Nachrichten über den Bildungsnotstand gelesen? Die Schulabgänger werden immer dümmer. Eine Katastrophe! Man ist ja langsam schon froh, wenn man einen Lehrling bekommt, der kein Analphabet ist." „Ja. Erfreulich, nicht?" „Wie bitte? Soll das ein Witz sein?" „Aber keineswegs. Dumme Schüler sind gut für die Wirtschaft." „Aber – aber es heißt doch immer, der Fachkräftemangel ist eine akute Gefahr für die wirtschaftliche Entwicklung!" „Herr – äh?" „Moser." „Herr Moser – Sie haben da nicht den Überblick .... Sehen Sie, der gute Schüler ist, wirtschaftlich gesehen, unergiebig. Der latscht in die Schule, schreibt seine Einsen und geht wieder heim .... Davon hat keiner was. Wissen Sie, wie viele professionelle Nachhilfeinstitute im aktuellen Branchenbuch allein für unseren Einzugsbereich gelistet sind? 33! Alle diese Institute beschäftigen mehrere qualifizierte Mitarbeiter in Vollzeitstellungen. Dazu kommen noch diverse Diplom-Psychologen, Diplom-Pädagogen, Logopäden und Motivationstrainer, die den Nachhilfeunterricht begleiten und ergänzen .... Was glauben Sie denn, wer allen diesen Leuten Arbeit gibt? Die frühreifen, kleinen Streber mit ihren Superzeugnissen gewiss nicht. Nur dumme, faule und möglichst noch verhaltensgestörte Jugendliche sind wirtschaftlich zu verantworten." „Aber entschuldigen Sie – ein Jugendlicher bleibt ja nicht ewig Schüler. Er braucht ja auch mal einen Arbeitsplatz. Wer soll ihn denn dann brauchen können, wenn er ein Trottel ist?" „Na, alle! Herr Moser, alle brauchen Trottel! Auch Sie! Was machen Sie denn beruflich?" „Ich habe einen Betrieb für Garten- und Landschaftsbau." „Na bitte! Das ist doch das beste Beispiel. Nehmen wir an, Sie sollen einen Garten bauen. Mit tüchtigen Mitarbeitern bringt Ihnen das einen Auftrag. Mit unfähigen und schlechten Mitarbeitern haben Sie aber noch jede Menge Folgeaufträge, weil der Kunde Sie immer wieder kommen lassen muss, bis sein verpatzter Garten halbwegs fertig ist." „So. Und wenn er reklamiert? Mich womöglich verklagt?" „Dann beschäftigt er außerdem noch Rechtsanwälte, Sachverständige und Zweitunternehmen .... Das ist immer so: Der Tüchtige ernährt nur sich selbst. Der Unfähige dagegen ernährt die Versicherungen, die Justiz und die Enthüllungsjournalisten, ganz zu schweigen von der Politik, die ja ohne Dummköpfe gar nicht denkbar wäre. Aber was haben Sie denn? Sie sehen unwohl aus." „Entschuldigen Sie – mir ist ein wenig übel. Ich fühle mich dem allen nicht mehr gewachsen." „Macht nichts, Herr Moser, macht rein gar nichts .... Dann kommen Sie in mein Seminar „Lebensbewältigung für Normalbürger" – jeden Dienstag und Donnerstag von 18 – 20 Uhr. Hier haben Sie meine Karte."

Im Wandel

ch weiß ja nicht, wie das bei Ihnen ist – aber in meiner Umgebung haben wir dem Klimawandel bisher immer sehr gefasst entgegengesehen. Sicherlich, zahlreiche Tier- und Pflanzenarten werden vermutlich aussterben. Sollen sie. Der Mensch, das selbsternannte Ebenbild Gottes, war sich immer schon selbst genug. Holland wird überspült werden. Naja … man muss es positiv sehen. Die vielen Wohnwagen mit den gelben Nummernschildern auf unseren Autobahnen nerven eh' und man kann ja nicht sagen, dass es die Falschen trifft, nach dem, was Louis van Gaal aus den Bayern gemacht hat.

Die Malediven werden im Meer versinken, wenn wir nicht endlich aufhören, so viele Abgase zu produzieren. Gut, das ist blöd – aber, wenn wir nicht mehr im Flugzeug hinfliegen dürfen – wozu brauchen wir dann die Malediven?

Der Klimawandel, so tragisch er sein mag, betrifft nur die anderen. So dachten wir. Bis er dann nach Franken kam. Schon seit einigen Jahren, und von Jahr zu Jahr stärker, beschert er uns ein Wetter, wie man's bisher nur von der Wüste Gobi kannte. Mit endlosen, klirrend kalten Wintern mit meterhohem Schnee. Und mit Frühjahrsdürreperioden, die alles, was selbst auf der trockenen fränkischen Platte üblich war, weit in den Schatten stellen. Es gab schlimme Jahre, aber dieses ist nun das schlimmste. Seit drei Monaten hatten wir keinen Regen mehr, der mehr getan hätte als flüchtig die Oberfläche zu benetzen, dafür aber reichlich Frost zu den Eisheiligen. Winzer und Obstbauern beklagen schon jetzt Totalausfälle. Mais und Wintergetreide kümmern fingerhoch dahin, der Raps ist mickrig, die Saaten gehen nicht auf. Selbst entlang unserer ordentlich begradigten Bachläufe erstrecken sich staubtrockene Steppenböden ohne den kleinsten grünen Halm, Wüsten bis zum Horizont – und das auf Böden, die noch vor ein paar Jahrzehnten Feuchtwiesen waren und in denen heute noch Drainagerohre liegen.

Wir alle merken plötzlich, dass es so nicht weitergehen kann, dass all die Redensarten von „schönem Wetter" vielleicht nur das gedankenlose Geplapper eines regenverwöhnten Volkes waren und dass die Sahelzone womöglich gar nicht der schönste Ort der Welt ist. Diese Erkenntnis ist bitter und trifft uns alle gänzlich unvorbereitet. Um das Schlimmste noch abzuwenden, sind wir nun dringend auf Ihre Mithilfe angewiesen. Sie alle müssen solidarischer und weniger egoistisch werden. Sparen Sie Energie! Pflanzen Sie Bäume! Und als Soforthilfe überweisen Sie bitte eine großzügige Spende auf mein Konto unter dem Stichwort „Klimaopfer Unterfranken". Ich danke Ihnen.

Arbeitsschutz

Regelmäßig erscheinen in den verschiedenen Druckschriften unserer Fachorgane Artikel, in denen Firmeninhaber strengen Tones dazu aufgefordert werden, besser für angemessenen Arbeitsschutz ihrer Mitarbeiter zu sorgen. Gerne verbindet man damit auch den vorwurfsvollen Hinweis, wie viele Arbeitsunfälle sich hätten vermeiden lassen, wenn nur der jeweilige Unternehmer rechtzeitig für die nötige Schutzausrüstung gesorgt hätte. Nun wissen wir spätestens seit Karl Marx, dass der Unternehmer grundsätzlich an jedem Übel dieser Welt schuld ist. Ich gebe zu: bei Erdbeben ist man noch skeptisch. Sonst aber ist er für alles verantwortlich, was schief läuft, dieser ausbeuterische, kapitalistische Nimmersatt. Wie kann man nur seinen Mitarbeitern ihre Arbeitsschutzausrüstung vorenthalten! Ich weiß es auch nicht.

Was ich aber viel lieber wüsste: Wie kann man seine Mitarbeiter dazu bringen, die bereitgestellte Schutzausrüstung zu benutzen? Durch Hypnose? Durch Androhung körperlicher Strafen? Durch Erwirken eines Kirchenbanns? Nach meiner Erfahrung würde bei manchen Mitarbeitern nicht einmal Bestechung zum Erfolg führen. Ganz zu schweigen von solchen Lappalien wie abgetrennten Fingern, Bandscheibenvorfällen, geplatzten Trommelfellen oder ähnlichen Kleinigkeiten. Ich hatte einen Mitarbeiter, der allen meinen flehentlichen Bitten, beim Flexen einen Gehörschutz aufzusetzen, mit dem Hinweis begegnete, er sei ein Rock 'n' Roller und daher an Lärm gewöhnt. Einen anderen erwischte ich dabei, wie er unter Nichtachtung der bereitgestellten Trittleiter auf eine Mülltonne kletterte. Steinstaub inhaliert man natürlich grundsätzlich ohne den blöden Nasenschutz, schon allein, um der Lunge eine Abwechslung zum Zigarettenrauch zu gönnen.

Die Krönung leistete sich ein Lastwagenfahrer, der uns belieferte und alle Pakete auf den Armen anschleppte, stöhnend, keuchend, und zitternd, ein Bild skrupelloser Ausbeutung. Der Anblick hätte einen Stein rühren können. Als er eines Tages mit letzter Kraft unter einem 90 kg schweren Teichfolienpaket angewankt kam, ertrug ich es nicht länger. „Gibt Ihnen denn Ihr Chef keine Sackkarre mit?" fragte ich den Geschundenen. „Ach", ächzte er, „der is' ja so ein Säutreiber! Um so was kümmert der sich doch gar nicht." Von Mitleid und Empörung überwältigt, begleitete ich den armen Menschen zu seinem Laster, um ihm wenigstens mit dem zweiten Paket zu helfen.

Dabei erhaschte ich zum ersten Mal einen Blick in den Laderaum. Zwischen den übersichtlich geordneten Paketen stand ein hydraulischer Hubwagen. Und an der Seitenwand hing eine besonders hochwertige, mit höhenverstellbaren Griffen ausgestattete Sackkarre.

Nein, mein Merkblatt les´ ich nicht!

„Gesprochenes verfliegt, Geschriebenes bleibt", behauptet der Lateiner, der bekanntlich die Gewohnheit hatte, seine Plattitüden in Stein zu tackern. Da konnten sie leicht bleiben – aber niemand spricht davon, dass sie auch gelesen wurden.

Meine Kunden lesen jedenfalls nicht. Seit vielen Jahren erhält jeder Kunde nach Beendigung eines Auftrags verschiedene Merkblätter, in denen in klaren, kindgerechten Sätzen alles ausführlich erklärt wird, was im Zusammenhang mit neu angelegten Pflanzungen, Teichen, Steingärten oder was sonst es sei, zu beachten, zu wissen, oder zu beobachten ist.

Und ebenso oft ruft jeder Kunde später mehrmals an und fragt nach all dem, was in den Merkblättern drin steht. Es ist eine liebenswerte Besonderheit, die ein einigendes Band um den gesamten Kundenkreis schlingt. Keiner liest, egal ob arm oder reich, jung oder alt, Bayer oder Sozialdemokrat, Müllmann oder Akademiker. Keiner. Wohlgemerkt, nicht dass ich das verurteilen würde, keineswegs. Es gibt schließlich kein Gebot: „Du sollst deine Merkblätter lesen". Dies ist ein freies Land, noch. Wenn der Kunde nicht lesen will, ist das sein gutes Recht. Ich kritisiere nicht, ich beobachte nur. Und natürlich erkläre ich dem wissbegierigen Kunden freundlich alles, was er nicht gelesen hat, bereitwillig und unermüdlich, das gehört zu meinem Job.

Es ist mein Problem, wenn ich mir dabei vorkomme wie ein vertrottelter Papagei. Ich klage nicht. Aber ich versuche zu verstehen. Was ist so schlimm daran, ein Merkblatt zu lesen? Es schmerzt nicht. Es kostet nichts. Und wer will, kann es ja heimlich tun. Will aber keiner. Früher, als ich noch jung und optimistisch war, flocht ich in meine Telefonmonologe manchmal subtile Winke ein, wie: „Das können Sie auch auf Ihren Merkblättern nachlesen." Hernach legte ich voller Hoffnung auf. Und am nächsten Tag rief der Kunde dann wieder an, mit einer neuen Frage, die ausführlich auf mehreren Merkblättern beantwortet war, und ich konnte mir wieder einen Wolf reden.

Ein einziges Mal, vor Jahren, fasste ich mir ein Herz und sprach einen Kunden direkt auf das Phänomen an. Es war ein Gymnasiallehrer, der, so kalkulierte ich, selbst schon Merkblätter verfasst hatte und in dem ich eine gleich gestimmte Saite zu rühren hoffte. Der Kunde sagte, ja, das kenne er nur zu gut, mit seinen Schülern sei es dasselbe, er könne es mir nachfühlen. Ich gab ihm zwei Merkblätter zu seinem neu angelegten Teich, und wir schieden als Freunde. Zwei Tage später rief er an und fragte nach einigen Dingen, die alle auf den Merkblättern erklärt waren.

Soziokulturelle Beobachtungen

Die Straße in unseren Nachbarort ist schon seit Wochen aufgegraben und gesperrt. Wenn ich beruflich dort zu tun habe, und das habe ich oft, so benutze ich – um endlose Fahrerei über andere Ortschaften zu vermeiden – einen verwegenen Schleichweg, der durch allerlei idyllische Wälder und Fluren zum Ziel führt. Dabei habe ich ganz neue Erkenntnisse über die Welt und die Menschen gewonnen. Genauer gesagt: Über die Menschen, die Flurwege bevölkern. Bei diesen Menschen gibt es, ähnlich wie im hinduistischen Indien, ein streng geregeltes Kastensystem: die Nordic Walker, die Radfahrer und die Hundebesitzer. Unter den Nordic Walkern scheint es keine großen Unterschiede zu geben, sie walken halt nordic und damit hat sich's. Die Kaste der Radfahrer unterteilt sich dagegen in verschiedene Unterkasten, als da wären: die Mountainbiker, die Rennradfahrer und die mehr unspezifizierten Wald- und Wiesen-Radler (die von den beiden anderen Gruppen überholt und verachtet werden).

Noch komplizierter ist es bei den Hundebesitzern. Über die speziellen Vorlieben bestimmter Menschentypen für bestimmte Hunderassen könnte man eine Doktorarbeit schreiben. (Irgendjemand muss ja schließlich gelegentlich mal eine neue Doktorarbeit schreiben, damit den Plagiateuren nicht der Nachschub ausgeht). Soweit ich bei meinen bisherigen Beobachtungen feststellen konnte, bevorzugen kleinwüchsige, eher pummelige Zeitgenossen große, sportliche Hunde, während große, durchtrainierte Menschen ein Herz für kleine Hunde haben. Junge, schlanke, langhaarige, mit einem Wort: amazonenhafte Frauen führen meist eher dicke, kurzhaarige Hunde mit sich; ältere, ausladende, kurzhaarige Frauen trifft man dagegen in der Gesellschaft dünner, langhaariger Hunde an.

Alle diese Kasten leben streng getrennt, verkehren nicht miteinander und würden sich nie vermischen. Undenkbar, dass etwa ein Nordic Walker einen Hund mit sich führte oder ein Mountainbiker nordic zu walken begönne. Lediglich bei den Hundebesitzern kommt es manchmal zu Verirrungen. Da kann es schon im Einzelfall passieren, dass man solche Menschen, die eigentlich zu kleinen, dicken, kurzhaarigen Hunden passen würden, mit großen, dünnen, langhaarigen Hunden antrifft oder dass womöglich gar alte, langhaarige Frauen mit großen, dicken, kurzhaarigen und junge, kurzhaarige Mädchen mit kleinen, dünnen, langhaarigen Hunden unterwegs sind.

Aber, wie gesagt, das sind Ausnahmen, die statistisch nicht ins Gewicht fallen. Ja.

Sie sehen, man bekommt eine völlig neue Sicht auf die Dinge, wenn man mal abseits der Straßen unterwegs ist.

Auswahl erfolgt nach Eignung

Der Anteil an Frauen im Gartenbau wird immer größer, sowohl im Bereich Planung als auch in der Pflanzenproduktion und im Landschaftsbau. Somit ist es kein Wunder, dass man als Unternehmer immer häufiger Bewerbungen von Mädchen und jungen Frauen für Betriebspraktika bekommt. Ich finde das gut. Ich bin sehr modern und progressiv eingestellt, war ich immer schon. Schon als Kind war ich dermaßen progressiv und modern, dass ich oft – aber das würde jetzt zu weit führen.

Jedenfalls: Ich finde es toll, wie groß die Auswahl an hoch motivierten, vielseitig qualifizierten Bewerberinnen heutzutage geworden ist. Eine Bewerberin, die mir kürzlich ihre Unterlagen schickte, hatte ein abgeschlossenes Gartenbaustudium, mehrjährige Praxis im Landschaftsbau in mehreren Betrieben und verschiedene, zum Teil sehr anspruchsvolle und interessante Fortbildungen absolviert. Eine andere war zweieinhalb Jahre im Ausland tätig gewesen, wo sie ihren Horizont erweitert hatte, ehe sie ihn nun durch ein Praktikum bei mir abzurunden gedachte. Eine dritte bewies ihre vielseitige Bildung bereits auf der zweiten Seite ihrer Bewerbungsmappe durch klassische Literaturzitate mit Gartenbezug und führte unter der Rubrik Hobbys verschiedene musische und kreative Tätigkeiten an, darunter Bildhauerei, Töpfern und Batiktechniken. Ist das nicht phantastisch? Man stelle sich vor: Batiktechniken! (Ich habe es gleich im Lexikon nachgeschlagen, es ist irgendsowas mit Stoffe färben).

Wenn man das mal mit männlichen Bewerbern vergleicht! Da ist es immer das Gleiche: Hauptschulabschluss, ein Schulpraktikum in einer Bäckerei und als Hobby Fußballspielen. Das einzig Originellere, was mir bisher von jungen Männern untergekommen ist, war Bogenschießen, aber das hat ja nun im Gartenbau wirklich gar keinen praktischen Wert. Wenn er wenigstens Karate könnte, dann könnte man ihn im Umgang mit reklamierenden Kunden – na ja, gehört ja nicht hierher. Wo war ich stehen geblieben? Ach ja: es fällt im direkten Vergleich auf, dass weibliche Berufseinsteiger eindeutig vielseitiger, motivierter und besser qualifiziert sind als männliche, ganz zu schweigen von ihrem weitaus größeren Engagement für höhere Werte wie Naturschutz oder Soziales.

Leider gibt es weitaus mehr Bewerbungen als man berücksichtigen kann. Da sitzt man dann da als Unternehmer und hat die Qual der Wahl zwischen so vielen Qualifikationen. Mir selbst fiel die Entscheidung heuer so schwer, dass ich ein ganzes Wochenende über den Bewerbungen saß; aber schließlich wählte ich die kleine Schwarzhaarige mit dem Carmenprofil.

Enthüllendes

Letzte Woche besuchte mich ein weiter entfernt wohnender Berufskollege, der regelmäßig meine Kolumne liest und sie nicht ausstehen kann. Auch diesmal machte er kein Hehl aus seiner Unzufriedenheit. „Was du tust, ist Gefälligkeitsjournalismus", schalt er. „Du schreibst belanglos dahin und machst deine Witzchen. Du solltest lieber schonungslos die Missstände in unserem Berufsstand anprangern." „Welche?" fragte ich. „Zum Beispiel die skandalöse staatliche Vergabepraxis bei Projektausschreibungen", ereiferte sich der Kollege. „Der Staat befrachtet uns mit Sozialabgaben, die kaum zu stemmen sind, aber wer kriegt die öffentlichen Aufträge? Na?! Wer kriegt sie? Na?! Immer der billigste Anbieter! Derjenige, der Schwarz- und Leiharbeiter ausbeutet und dann Dumpingpreise anbietet, mit denen ein ehrlicher Unternehmer nicht mithalten kann! Der Staat ist der größte Förderer der Schwarzarbeit!" „Möglich", sagte ich, „davon habe ich auch schon gehört. Aber dazu kann ich nichts schreiben. Du weißt doch, dass ich nur mit Privatkunden arbeite. Ich verstehe nichts vom Ausschreibungswesen." „Dann schreib über die allgemeine Korruption", befahl der Kollege. „Deutschland ist inzwischen eine reine Bananenrepublik!" „Wie könnte ich?" hielt ich ihm entgegen. „Ich wäre nur zu gern korrupt, aber es besticht mich ja keiner. Seit drei Jahren warte ich vergeblich darauf, dass mir irgendein Hersteller für einen lobenden Artikel etwas anbietet. Irgendwas, Geld, Aktien, Vergünstigungen, ich wäre nicht wählerisch. Aber nichts tut sich." „Lass deine blöden Witze", nörgelte der Kollege. „Du weißt genau, was ich meine. Oder hat vielleicht noch nie ein Architekt von dir ein Schmiergeld verlangt, damit er dir einen Kunden zubringt?" „Nein", antwortete ich wahrheitsgemäß. „Da sieht man's wieder. Du weichst der Realität aus. Du vergräbst dich in eine Scheinwelt und ignorierst deine journalistische Aufgabe." „Und was wäre die?" wollte ich wissen. „Deine Aufgabe als Kolumnist wäre es, die Leser wachzurütteln!"

Soso. Nun, das lässt sich machen. Also. HE, SIE DA!JA, SIE! Sie mit der DEGA in der Hand! Wachen Sie auf! Nehmen Sie die allgemeinen Missstände zur Kenntnis und schaffen Sie dieselben ab! Und wenn Sie das nicht können, dann erfüllen Sie wenigstens Ihre rechtsstaatlich-demokratische Pflicht und seien Sie unter pausenlosen Missfallensbekundungen dagegen! Was meinen Sie? Dadurch würde sich absolut nichts ändern? Da mögen Sie Recht haben. Im Vertrauen gesagt: ich bin sogar fast sicher, dass Sie damit Recht haben. Ist halt auch nicht alles Gold, was glänzt, im Enthüllungsjournalismus.

Menschen stellen ihre Berufe vor

Folge 1

Grüß Gott, mein Name ist Hilmar Zitzelsberger, ich bin Landschaftsarchitekt – aber wenn ich über meinen Beruf reden soll, dann muss ich Ihnen gleich sagen: Es ist nicht mehr schön. Wirklich wahr. Als Landschaftsarchitekt bist du heute der ärmste Hund unter der Sonne. Weil: In einem kreativen Beruf, als Architekt, als Regisseur, als Maler, völlig wurscht, da musst du vor allem eines: auffallen. Um jeden Preis. Wie soll man sonst eine eigene künstlerische Identität bekommen? Aber da liegt eben das Problem! Fall heute mal noch auf! Selbst wenn du gestalterisch zum Äußersten entschlossen bist – es gibt ja nichts, was so abgedreht wäre, dass es nicht ein anderer schon gemacht hätte!

Und dann noch die Kundschaft – furchtbar! Lauter Ignoranten. Erst heute war wieder so einer bei mir, wissen Sie, ich nenne diese Typen immer die Kuschelgartler. Voll mit so Spießerträumen von grünem Glück und Wohlfühloase, schier zum Verzweifeln. Dem hab ich ein so tolles Konzept gemacht: einen Apokalypse-Garten! So mit so Kratern, umgestürzten Betonsäulen, rostigen Eisenteilen, ich sag's Ihnen, einzigartig. Kam er mir doch daher: Er will eine Spielfläche für seine Kinder! Ich bitte Sie! Kinder gehören in die Kita oder in die Ganztagsschule oder in die Teppichknüpferei, egal wohin, aber doch nicht in den Garten! Da werd ich ihm einen Tummelplatz für seine Blagen schaffen und mir zerhaut's dabei mein ganzes künstlerisches Renommee! Ich hab ihm dann vorgeschlagen, die Spielfläche unterirdisch einzubauen, als halb verfallenen Atombunker, das hätte auch wunderbar ins Konzept gepasst, mit den Kindern gleichsam als herumirrende Überlebende nach der totalen Vernichtung – aber er, stur wie ein Klotz, unempfänglich für jede visionäre Note. Mit so einer Kundschaft, ich sag's Ihnen, da bist du wirklich geschlagen.

Dann fing er noch an rumzuschwadronieren, vom Garten als grünem Heim, als Ausgleich zu einer immer lebensfeindlicheren Alltagswelt, als Ort zum Entspannen und der inneren Einkehr und lauter so einem Schmarrn, als er dann noch vom Lebensraum für Pflanzen und Tiere anfing, da hab ich dann endgültig gewusst: bei dem ist alles zu spät. Bei so einem weltanschaulich festbetonierten, postromantischen Öko-Gandhi, da hast du keine Chance. Ich hab ihm dann quasi als letzten Versuch vorgeschlagen, in das Apokalypsekonzept noch ein paar Pflanzen zu integrieren, vielleicht einige Rankgewächse über dem Schutt als Symbol für die keimende Wiederkehr des Lebens, von mir aus sogar noch einen jungen Apfelbaum – aber da war er dann schon weg, der Kuschelgartler.

Menschen stellen ihre Berufe vor

Folge 2

Guten Tag, meine sehr verehrten Damen und Herren. Mein Name ist Steinbeiß. Ich bin Landschaftsbauunternehmer. Und ich möchte Ihnen kurz meinen Betrieb vorstellen. Ich führe den Betrieb jetzt in der dritten Generation. Mein Vater und mein Großvater waren Pflasterer, und ich habe das dann auch auf andere Gartenbereiche ausgedehnt. Das lag für mich nahe, denn ich habe schon als Kind sehr gern mit der Motorsäge hantiert und habe auch sonst ein sehr herzliches Verhältnis zur Natur.

Wir haben ein breites Angebot. Neben Pflastern und Fällarbeiten machen wir auch Häckselarbeiten, Erdabtrag, Flächenversiegelung und was man sonst noch so im Garten braucht.

Wir haben auch ein reichhaltiges Sortiment an Betonprodukten. Da ist für jeden Garten was dabei. Und bei der Verarbeitung ist uns Dauerhaftigkeit oberstes Gebot. Ich mache zum Beispiel keine trockenen Verlegungen. Ich lehne das ab. Bei uns wird alles ordentlich in Mörtel gesetzt und ausgefugt. Solche Schlampereien, dass da dann alle möglichen Mäuse oder Ameisen oder Kinder mit dem Sand oder Splitt umeinander tun, das kommt bei uns nicht vor. Unsere Steinarbeiten sind auch nach zehn Jahren noch sauber wie am ersten Tag.

Ich arbeite auch nicht mit Pflanzen. Ich lehne das ab. Pflanzen bringen in einen Garten immer so eine Unrast hinein. Erst sind sie klein und wollen dauernd betan werden. Dann wachsen sie auf einmal drauflos, wie's ihnen passt. Und wenn man sie dann ordentlich zurechtstutzt, gehen sie einem ein. Und das alles mit so einer pflanzlichen Renitenz – als ob sie's einem zu Fleiß tun würden.

Da verwende ich schon lieber Skulpturen als Dekoration, gern auch wieder aus Beton. Das sieht gut aus und schmutzt nicht. Und stilistisch lässt sich damit ja praktisch alles ausdrücken. Wenn ein Kunde zum Beispiel einen mediterranen Garten will, kriegt er einen Abguss von Michelangelos David. Wenn er was Asiatisches will, stell ich ihm einen Buddha hinein. Und wenn ihm gar nichts einfällt, dann nehmen wir was Abstraktes. Das bekomme ich sehr günstig von dem Schrotthändler bei uns im Ort. Und unter so einer halberten Eisenkugel auf Betonsockel mit dem Titel „Polykrates in Halberstadt", da kann sich dann jeder vorstellen, was er will. Ich kann guten Gewissens von mir sagen, dass ich bis jetzt noch mit jedem Kundenwunsch fertig geworden bin.

Ja, das waren natürlich nur einige Beispiele, wozu wir imstande sind. Wir haben auch für Sie das Richtige. Wenn Sie ein Grundstück haben, auf dem das Grünzeug weg muss, oder das sonst nicht ordentlich in Schuss ist, kommen Sie unverzüglich zu uns:

„Steinbeiß Gartenträume GbR" in Dachau. Sie werden Ihren Garten nicht wieder erkennen.

Der alte Schwung ist hin

Kann man mit Ihnen mal offen über ein etwas heikles Thema reden? Ja? Das ist gut. Also, was ich sagen wollte, wir sind ja nun alle Unternehmer, wir sind diejenigen, die der Kunde als „Chef" wahrnimmt. Und ich habe seit längerem das ungute Gefühl, dass die Achtung der Allgemeinheit vor dem Chef als solchem rapide im Schwinden ist. Nun ist das ja in höheren Kreisen nichts Neues. In Wirtschaft, Politik usw. gab es schon immer viel Totholz im Kronenbereich, das wird Ihnen jeder Mitbürger Ihrer Wahl gerne bestätigen. Ackermann? Gehört eingesperrt. Merkel? Ein Hosenanzug ersetzt kein Regierungskonzept. Löw? Zahlt's mir die Hälfte, und wir wären schon längst Weltmeister! Wie gesagt: Das ist nichts Neues. Aber im soliden Mittelstand, im Gewerbe und Handwerk, da sollte das Auge des Kunden respektvoll aufleuchten, wenn der Chef den Schauplatz betritt. Der Mann, der alles kann.

Der alles weiß und alles im Griff hat. Eben da aber ist immer häufiger der Wurm drin. Sicherlich, wir sind noch immer reicher als unsere Mitarbeiter, witziger, gebildeter, besser erzogen, aber kann das alles sein? Es reicht nicht, dass man uns begehrt. Man muss uns unserer Kompetenz wegen achten! Wenn früher ein Kunde einem Mitarbeiter Dampf machen wollte, kam er, ein Mobiltelefon in der Hand, über die Baustelle geschritten und sprach herablassend: „Herr Müller, da geb ich Ihnen jetzt amal Ihren Chef …" Heute nimmt er den Mann am Schubkarren vertraulich beiseite und sagt: „Gell, das machen wir beide doch unter uns ab." – als stünde der Chef schon im Museum, nutzlos und ausgestorben wie ein Dinosaurier.

Woran mag das liegen? Sieht man in uns etwa nur noch den Bürohengst mit zwei linken Händen? Den realitätsfernen Verwaltungsheini und Marketingschnösel, der praktisch nichts drauf hat? Ein besonders bestürzendes Beispiel für unser bröckelndes Image erlebte ich neulich in einem Fachgeschäft. Mitten unter lauter eifrigen, engagierten und kompetenten Verkaufskräften taperte eine tonnenförmige Matrone umher, die alles falsch anfasste, in nichts Bescheid wusste und im Grunde allen im Wege stand. Nichtsdestoweniger zeigte sie ein Selbstbewusstsein, das zu ihren sonstigen Fähigkeiten nicht recht passen wollte. Vor mir in der Warteschlange stand ein untersetzter Herr, dem dies ebenfalls aufgefallen war. Nachdem er eine Weile in einem mir unbekannten serbokroatischen Dialekt seiner Verwunderung Ausdruck verliehen hatte, wandte er sich an mich. „Komisches Frau", knurrte er, „nicht jung, nicht hübsch, weiß nicht, wo was ist, kann nicht Kasse bedienen – muss Chefin sein."

Um Himmels willen: Gibt es etwa schon Kunden, die Ähnliches von unsereinem denken?

Selig, die reinen Herzens sind

Wenn in meiner fränkischen Heimat Franken jemand an öffentlich zugänglicher Stelle eine recht emsige Geschäftigkeit entfaltet, so bleibt unfehlbar jeder vorüberschlorchende Passant bei ihm stehen, mustert ihn wohlwollend und spricht dann, ohne Gruß oder Vorrede, nur ein Wort: „Fleißich!" Mit Betonung auf dem „ei" und Rufezeichen. Dieses eine Wort „Fleißich!" – mit Betonung auf dem „ei" und Rufezeichen – ist die höchste, ja überschwänglichste Anerkennung, die man von einem Franken bekommen kann. Dabei spielt es keine Rolle, ob der so Gelobte sein Auto wäscht, seinen Zaun streicht oder bei Starkregen den Gehsteig föhnt. Was zählt, ist der Aufwand, nicht das Ergebnis. Damit bringen wir klarer als jeder andere Volksstamm eine Einstellung zum Ausdruck, die den Menschen vom Tier unterscheidet: nämlich den Fleiß wertfrei um seiner selbst willen zu schätzen.

Nun ist zweckfreier Fleiß eine zwar dämliche, aber zumeist harmlose Eigenschaft. Wer stundenlang das saubere Auto wienert oder von der Mitgliederversammlung seines Kegelclubs ein 50-seitiges Protokoll schreibt, der befremdet, aber er schadet niemandem.

Kritisch wird es, wenn sich seine rastlose Emsigkeit auf folgenschwere Tätigkeiten ausdehnt. Zum Beispiel chirurgische Eingriffe. Oder Gartenpflege. Gerade um diese Jahreszeit begegnet unsereiner täglich neuen, erschütternden Beispielen dafür, was borniertier Fleiß an wehrlosen Geschöpfen anrichten kann. Ein Nachbar beispielsweise schert alljährlich seine Eiben und Potentillen zu Kugeln. Weil es so schön ist, macht er sich hernach auch über seine Magnolie her. Das glauben Sie nicht? Schauen Sie in die Rubrik „Eingefangen" auf Seite xy, da finden Sie ein Foto davon.

Ein anderer Nachbar hat das Dogma aufgestellt, dass kein Gehölz größer werden darf als er selbst. Der Nachbar misst etwa 1,70 m, eine Höhe also, die den meisten Bäumen und Sträuchern als Endgröße unbefriedigend erscheint. Folglich sehen fast alle Gehölze in seinem Garten aus wie ein Adeliger 1795 in Frankreich.

Jedes Frühjahr fallen Trupps von Kommunalarbeitern über das öffentliche Grün her, in Aktionen, die an UNO-Einsätze erinnern – frisch, fromm, froh, unter der Fahne heiligen Sendungsbewusstseins und ungetrübt von Sachkenntnis. Jeder dieser emsigen Ignoranten hält sich für einen Experten in Sachen Garten- und Grünpflege, er tut es gern, er kann sich nichts Schöneres vorstellen. Sein Herz ist rein. Und kommt unsereiner mit ihm ins Gespräch und nennt ihm seinen Beruf, so zieht ein verklärtes Lächeln über sein fleißiges Antlitz und er sagt: „Landschaftsgärtner sind Sie? Ach geh zu! Das wäre ich auch gern geworden! So ein schöner Beruf!"

Verhaltensregeln für einen schlechten Auftraggeber

Erwarte von deinem Landschaftsgärtner alles: Kompetenz, Bildung, erstklassige Umgangsformen und robuste handwerkliche Bodenständigkeit, also Karl Foerster, Knigge und den Schmied von Kochel in einer Person. Ist er das nicht, so zieh einen Flunsch und betrachte das Geschäftsverhältnis von Anfang an als angespannt. Lass dich nicht festlegen! Triff technische, terminliche und sonstige Vereinbarungen erst im allerletzten Moment oder, wenn möglich, noch später. Wenn du sie aber triffst, dann verlange sofortige Ausführung. Ist diese nicht möglich, dann schimpfe! Äußere niemals klar deine Wünsche – das hast du nicht nötig. Mach allenfalls Andeutungen, sei dabei aber so kryptisch wie das Orakel von Delphi. Du kannst von einem Dienstleister verlangen, dass er sich in deine Seele vertiefe wie Sigmund Freud persönlich. Ändere überdies deine Meinung so oft wie möglich – das hält deinen Landschaftsgärtner in Schwung und verhindert Langeweile. Verlange immer bevorzugte Behandlung! Du bezahlst schließlich für die Ausführung – alle anderen kriegen sie umsonst. Sei herablassend und lass deinen Gärtner immer fühlen, dass es eine Gnade ist, für dich arbeiten zu dürfen. Verlange Sonderleistungen! Je mehr, desto besser – das bist du deinem Status schuldig. Solltest du sie auf der Rechnung wiederfinden, dann schimpfe! Sei misstrauisch! Krauche deinem Gärtner bei jedem Schritt hinterher, steck deine Nase in jeden Eimer und stöbere im Material herum.

Nörgle dabei! Lass dir nicht einreden, du stündest im Weg. Es ist dein Grundstück! Wenn einer im Weg steht, dann ist es der Gärtner! Rede dazwischen! Als Auftraggeber hast du das Privileg, alles besser zu wissen. Verlange, dass alles genauso gemacht wird, wie du es haben willst. Wenn es so geschieht und nicht recht ist, so beschwere dich über die mangelhafte Beratung. Meldet der Gärtner aber Bedenken an, dann schimpfe! Arbeite mit, aber immer ungefragt, unangekündigt und am besten dann, wenn der Gärtner nicht da ist. Solltest du mit deinem Werk nicht zufrieden sein, so verlange Nachbesserung! Zahle Rechnungen, wenn überhaupt, mit Verspätung! Umso mehr freut sich dein Gärtner, wenn du ihn erneut kommen lässt. Sei stets unfreundlich und äußere niemals Lob oder Anerkennung – er würde es dir als Schwäche auslegen. Oberster Grundsatz: Sei unzufrieden! Denke immer daran: Das Leben ist ein Kampf, und Auftraggeber und Auftragnehmer sind gottgegeben natürliche Feinde. Handle danach!

Bundesweite Lieferung durch Lizenzpartner

braun – Ideen aus Stein
Hauptstraße 5-7
73340 Amstetten
Tel. 0 73 31.30 03-0
info@braun-steine.de

Noch mehr Leszko...

Verlag Eugen Ulmer | Leserservice | Wollgrasweg 41 | 70599 Stuttgart
Telefon +49 (0)711/45 07-121 Fax +49 (0)711/45 07-120
www.ulmer.de | www.ulmer-galabau.de @ info@ulmer.de

Weitere Ulmer-Titel für Gartenbegeisterte

Obst & Garten

bietet kompetentes Wissen für Obstbauern sowie für Nutz- und Ziergartenfreunde.

www.oug.de

Gartenpraxis

informiert anschaulich und praxisnah über Stauden und Gehölze und deren Verwendung im Garten.

www.gartenpraxis.de

Ulmer

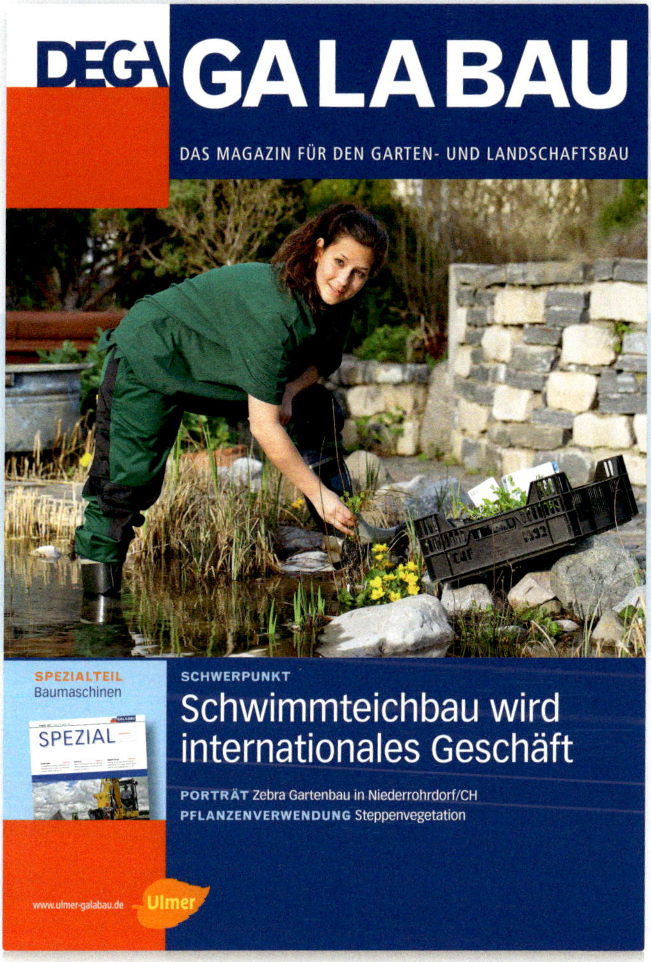

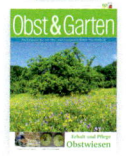

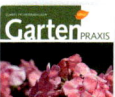

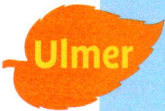

Weitere tolle Ulmer-Gartenbücher gibt's im Webshop auf www.ulmer.de

Bibliografische Information der Deutschen Nationalbibliothek

Die Deutsche Nationalbibliothek verzeichnet diese Publikation in der Deutschen Nationalbibliografie; detaillierte bibliografische Daten sind im Internet über http://dnb.d-nb.de abrufbar.

© 2012 Eugen Ulmer KG

Wollgrasweg 41, 70599 Stuttgart (Hohenheim)

E-Mail: info@ulmer.de

Internet: www.ulmer.de

Layoutentwurf: Ralf Weinmann, Verlag Eugen Ulmer

Layout: Bernd Burkart; www.form-und-produktion.de

Umschlaggestaltung: Atelier Reichert, Stuttgart

Druck: Firmengruppe APPL/aprinta druck, Wemding

Printed in Germany

ISBN 978-3-8001-7849-0